D1718989

VON KIRSCHENDIEBEN UND MUTIGEN SPATZEN

Herausgegeben
von Eve Marie Helm

Mit vielen farbigen
und schwarzen Bildern

K. THIENEMANNS VERLAG STUTTGART

2. Auflage 1971 · Umschlagzeichnung SIEGFRIED WAGNER in Faurndau · Satz Druckhaus Heilbronn GmbH · Text- und Umschlagdruck Offsetdruckerei Gutmann+Co., beide in Heilbronn/N. · Offsetreproduktionen Carl Kühnle in Nellingen · Einband Großbuchbinderei Sigloch in Künzelsau · Printed in Germany ISBN 3 522 **11580 5** · Verlagsnummer 1158

Es sitzt ein Fisch auf dem Apfelbaum
- oder - Hereingelegt! Es ist 1. April!

Das Rezept

Der April war eben eingetroffen. Ernst und Elfriede gingen von der Schule nach Hause. Da fanden sie an der Straße ein großes Blatt. Ernst hob es auf. Er begann zu lesen: „Man nehme . . . Ein Rezept", sagte er. „Dafür bist du zuständig." Er reichte das Blatt seiner Schwester. Elfriede las:

„Man nehme einen großen Topf Schnee, einen Schöpflöffel Regen, einen Eßlöffel Sturmgebraus, eine Messerspitze Sonnenschein!"

„Was soll das bedeuten?" fragte Ernst.

„Hm", sagte Elfriede mit gerunzelter Stirn. Sie las das Ganze noch einmal. „Aha!" rief sie, als sie fertig war.

Und auch bei Ernst war jetzt der Groschen gefallen:

„Das hat der April verloren! Es ist das Rezept, nach dem er das Wetter brauen will. Da können wir uns auf was gefaßt machen!"

„Dem kann abgeholfen werden!" meinte Elfriede. Sie kramte aus ihrem Ranzen einen Stift. Dann legte sie das Rezept auf den Ranzen und begann, es zu korrigieren. Als sie mit ihrer Arbeit fertig war, lautete das Rezept:

„Man nehme einen großen Topf Sonnenschein, einen Schöpflöffel Frühlingsluft, einen Eßlöffel Regen, eine Messerspitze Schnee!"

3

„Oh!" rief Ernst anerkennend. „Jetzt schaut es schon bedeutend besser aus!"

„Der April kommt bestimmt wieder und sucht nach seinem verlorenen Rezept", meinte Elfriede.

Sie legte das Blatt an seinen alten Platz an der Straße. Dann wanderten die beiden zufrieden nach Hause.

Onkel Hubert und der Kickick

Ob ihr die Geschichte glauben wollt oder nicht, müßt ihr am Schluß selbst entscheiden. Mein Onkel Hubert, der Revierförster im Moosbronner Wald ist, hat mir an einem Frühlingstag erzählt:

„Ich ging einmal den Hohlweg entlang, der in den hohen Laubwald führt. Da hörte ich rechts von mir ein lautes: Kickick! Kickick! Nanu, dachte ich, sollte das ein Kuckuck sein!

Ich setzte mich auf einen Feldstein, nahm mein Fernglas an die Augen und sah – ein halbes Dutzend Kuckucke um einen Kuckuck herumsitzen. Sie machten abwechselnd Verbeugungen und riefen Kuckuck, indem sie die Flügel abspreizten. Offensichtlich wollten sie dem jüngsten den richtigen Ruf beibringen. Der kleine Kuckuck hörte sich die alten Kuckucksonkel und -tanten an, machte eine vollendete Verbeugung und rief vergnügt: Kickick! Da beriet sich die ganze Gesellschaft aufgeregt, und einige flogen fort. Nach einer Weile kamen sie wieder, gefolgt von einem alten Uhu. Während sich der Uhu dem kleinen Kuckuck gegenüber auf einen Ast setzte, nahmen die anderen Kuckucke in respektvoller Entfernung Platz. Mir fiel fast vor Staunen das Fernglas aus den Händen,

4

denn jetzt begann der Uhu, dem kleinen Kuckuck regelrecht Schulunterricht zu geben. U-u, machte er, und noch einmal U-u. – Kickick! lachte der Kuckuck. Aber der Uhu rollte so furchterregend mit den Augen, daß sich der kleine Kuckuck vor Schreck fast verschluckte und ganz zaghaft U-uuu rief. Guut-guut! sagte der Uhu und belehrte ihn weiter: Kuu-kuu! Kuu-kuu, rief der kleine Kuckuck. Die Onkel und Tanten stießen sich gegenseitig begeistert an. Hurra, der Kleine würde es wohl doch noch lernen! Der Uhu hüpfte nun näher an seinen Schüler heran und schrie ihn drohend an: Kuckuck-Kuckuck. Der Schüler zitterte zwar vor Angst, aber er schrie nun ebenfalls Kuckuck! Da fiel der ganze Onkel- und Tantenchor freudig ein, und alle riefen durcheinander, bis der alte Uhu sie alle übertönte, und rief: ‚Dus mucht zwu Muse uls Luhn!‘ (Das macht zwei Mäuse als Lohn), denn er konnte ja nur das ‚U‘ sprechen. Die Kuckucke versprachen ihm feierlich die gewünschten Mäuse.“

Das ist die Geschichte von Onkel Hubert und dem Kickick. Und wenn ihr genau wissen wollt, wann sie mir mein Onkel erzählte: Es war am 1. April!

So geht es in Grönland

Ein Eskimomädchen
mit blauschwarzem Haar
steckt sein Stupsnäschen
aus einer Schneehaustür
und ruft:

„Ein Mercedes!“
Alles stürzt zu ihr.
Rings liegt Grönland weiß und still.
Das kleine Mädchen schreit:
„April, April!“

6

Professor Sieder besiegt den Antiseifenvirus
Jungreporter Klaus berichtet

Gestern abend hielt Professor Sieder, Direktor des neugegründeten Instituts für gesunde Lebensführung, in der Aula unserer Schule einen Vortrag über seine langjährigen Bemühungen zur Bekämpfung des Antiseifenvirus. Die durch diesen Virus verbreitete Krankheit, eine fast unüberwindliche Seifenscheu, tritt besonders häufig bei Knaben auf.

Die Krankheit beginnt damit, daß man bei dem Patienten eine steigende Vergeßlichkeit bemerken kann. Der von dem Antiseifenvirus Befallene vergißt, sich regelmäßig zu waschen. Dadurch ist dem Virus die Möglichkeit gegeben, sich über den ganzen Körper des Kranken zu verbreiten. Äußerlich erkennen wir eine ständig wachsende Schmutzschicht. Der hierdurch sowie durch einen unangenehmen Geruch schon äußerlich kenntliche Kranke scheint sich aber in seinem Zustand wohlzufühlen. Doch der Schein trügt. Hat die durch den Virus verursachte Schmutzschicht eine bestimmte Stärke erreicht, beginnt die Haut des Patienten zu jukken. Anstatt sich jetzt behandeln zu lassen, versucht er, durch althergebrachte Heilmittel seinen Zustand zu verbessern.

Ein weit verbreitetes Hausmittel zum Beispiel ist, jeden Morgen drei Kniebeugen zu machen, damit die Schmutzkruste abplatzt. Doch haben derartige Versuche noch niemals zum Erfolg geführt.

Besonders starke Verschmutzungen bemerkt man in den Ohren der Patienten. Der abgelagerte Dreck bildet hier den Nährboden, auf dem allerlei Gartenkräuter wie Petersilie und Radieschen gedeihen können. Schon lange, bevor das erste Grünzeug sprießt, ist Eile geboten, den Patienten gründlich zu behandeln. Wichtig ist, die durch den Antiseifenvirus entstandenen Schmutzablagerungen in warmem Wasser zu lösen. Die Verwendung von guter Badeseife wirkt hierbei keimtötend, wohltuend und erfrischend. Aufgabe des Institutes ist es, den Patienten an regelmäßigen Gebrauch von Wasser und Seife zu gewöhnen. Dann wird er Freude an der Sauberkeit bekommen und sich später aus eigenem Antrieb mehrmals täglich waschen.

Professor Sieders Vortrag fand den ungeteilten Beifall aller Besucher. Jeder von uns sollte sich bemühen, die Arbeit seines Instituts zu unterstützen. Nur so wird der Kampf gegen den Antiseifenvirus letztlich Erfolg haben. Oder was meint ihr?

Es sitzt ein Fisch auf dem Apfelbaum

Es sitzt ein Fisch auf dem Apfelbaum
und flattert mit den Flossen.
In den Bach, auf der Stelle,
du kecke Forelle,
sonst wirst du erschossen.
Seien Sie still!
Heute
tut jeder, was er will!
Ach ja, erster April!
Aber morgen – ?
Machen Sie sich nur ja keine Sorgen!

Sascha schickt die Leute in den April

Da war einmal ein kleiner Junge, der hieß Sascha. Das heißt, so klein war er eigentlich gar nicht mehr. Er war früher viel kleiner gewesen, das wußte er noch ganz genau. Und er konnte jetzt auch schon eine Menge Dinge. Aber alles gelang ihm eben doch nicht. Und das sollte er heute erfahren.

Als er aufstand, schien die Sonne, und dazu regnete es ein bißchen. Und der Kalender an der Wand zeigte eine große Eins. Da fiel Sascha ein, daß der erste April war. Am ersten April muß man die Leute an der Nase herumführen, dachte er. Und er marschierte entschlossen in die Küche.

„Guten Morgen", sagte seine Mutter, die an einem Salat herumzupfte.

„Guten Morgen", sagte Sascha, und er überlegte, wie er es anfangen könnte.

Die ganze Zeit, während er frühstückte, überlegte er.

„Es hat geklingelt!" schrie er endlich.

Aber die Mutter hob nicht einmal den Kopf.

„Dann mach auf", sagte sie.

So mußte Sascha die Tür öffnen. Und weil es ja gar nicht ge-klingelt hatte, lief er in einem hinaus. Mütter fallen auf so was nicht 'rein, dachte er.

An der Ecke traf er seinen Freund Heini.

„Du hast ein Loch in der Hose", sagte Sascha.

„Hab' ich immer", entgegnete Heini gleichgültig und ging an ihm vorbei.

Und es stimmte tatsächlich, als Sascha ihm nachblickte, konnte er das Loch deutlich sehen. Es war ärgerlich.

Aber saß da nicht Mohr, der Nachbarhund?

„Mohr!" brüllte Sascha. „Ein Kätzchen! Da! Ein Kätzchen!"

Aber Mohr riß sein großes Hundemaul auf und gähnte.

„Doof!" sagte Sascha.

Aber er sagte es leise, denn er wollte es mit Mohr trotz allem nicht verderben.

„Ich muß es anders machen", dachte Sascha, „toller."

Er bohrte beide Hände in die Hosentaschen und stapfte auf die andere Straßenseite. Der alte Tim war draußen vor seinem Haus. Er hackte Holz. „Na?" sagte er.

„Na?" sagte Sascha.

Sie begrüßten sich immer so.

„Tim!" schrie er dann plötzlich. „Da fährt 'ne Kuh auf 'nem Fahrrad vorbei!"

Der alte Tim blickte nicht einmal auf. „Ja, ja", sagte er, „das gibt es."

Sascha wunderte sich sehr. Aber noch gab er nicht auf. Er trat ein wenig gegen die Holzstücke, die herumlagen, und dabei dachte er angestrengt nach.

„Geht es deiner Mutter gut?" fragte der alte Tim.

„Ja", sagte Sascha.

„Tim!" brüllte er dann aus Leibeskräften. „Da fliegt ein Auto!"
Aber der alte Tim reagierte auch diesmal nicht.

„Hm", machte er bloß.

„Sachen gibt's", meinte er nach einer Weile, „die sollte man
nicht glauben. Aber es gibt sie doch."

„Ja", sagte Sascha.

„Ich hatte mal ein Pferdchen, das Eier legte", erzählte der alte
Tim.

„Nein", sagte Sascha.

„Doch!" knurrte der alte Tim. „Es war ein türkastorisches
Pferd. Und jedes seiner Eier war so blau wie sein Fell."

Sascha machte große Augen.

„Eines Tages hat es begonnen, die Eier auszubrüten."

„Waren ganz kleine Pferdchen darin?" wollte Sascha wissen.
„Blaue?"

„Nein", sagte der alte Tim. „Es dauerte Wochen – Monate –
Jahre" – fuhr er fort, „bis endlich die Eierschalen zersprangen."

„Was war darin?" fragte Sascha atemlos.

„Luftballons", grinste der alte Tim. „Die flogen dann fort. Es
war auch an einem ersten April."

Einen Augenblick lang stand Sascha ganz still. Dann drehte er
sich um und ging. Er hörte, daß der alte Tim wieder Holz hackte.

„Vielleicht bin ich doch noch zu klein", dachte Sascha. „Aber
nächstes Jahr werde ich es ihnen zeigen!"

Vom großen und vom kleinen Hasen
- oder - Es gibt doch noch Osterhasen

Das Küken vom Mars 8

Wißt ihr, was voriges Jahr, an Ostern, im Hause von Professor Tiballo aus dem großen Schokoladenei heraussprang? Große Überraschung! Ein Küken, ein Küchlein, aber ein kosmisches, das den irdischen in allen Zügen glich, nur, daß es auf dem Kopf eine Kapitänsmütze trug, auf der eine Fernsehantenne angebracht war.

Der Professor, seine Frau Luisa und die Kinder riefen alle zusammen: „Oh!" Und nach diesem ‚Oh' fanden sie keine Worte mehr.

Das Küken sah sich höchst unzufrieden um.

„Mein Gott, seid ihr aber noch zurück auf eurem alten Planeten", bemerkte es, „hier ist kaum Ostern, und bei uns, auf dem Mars 8, ist schon Mittwoch."

„Mittwoch? Von welchem Monat denn?" fragte der Professor eingeschüchtert.

„Das fehlt ja noch! Von welchem Monat!! Mittwoch des kommenden Monats natürlich. Mit den Jahren sind wir sowieso um fünfundzwanzig voraus."

Dann machte das Küken aus dem Weltall vier Schritte auf und vier Schritte ab, um sich die Beine ein bißchen zu vertreten und brummte: „Ärgerlich! Furchtbar ärgerlich!"

„Worüber machen Sie sich denn solche Sorgen?" fragte Frau Luisa.

„Pah – ihr habt mein fliegendes Ei zerstört, und nun kann ich nicht mehr auf den Mars 8 zurückkehren."

„Aber wir haben das Ei in der Konditorei gekauft."

„Ach, ihr wißt überhaupt nichts. Dieses Ei ist in Wirklichkeit ein Raumschiff, als Osterei getarnt, und ich bin der Kommandant, als Küken verkleidet."

„Und Ihre Besatzung?"

„Das bin ich. Kommandant und Besatzung des Raumschiffs bin ich gleichzeitig. Aber jetzt wird man mich degradieren. Sicher. Zum allermindesten werden sie mich zum Obersten degradieren."

„Aber . . . ein Oberst ist doch mehr als ein Hauptmann . . ."

„Bei euch schon, weil ihr die Rangstufen verkehrt 'rum habt. Bei uns ist die höchste Rangstufe ganz einfach ein normaler Bürger. – Aber lassen wir das. Meine Mission ist gescheitert."

„Leider können wir Ihnen nur versichern, daß uns das aufrichtig leid tut, obwohl wir nicht wissen, um was für eine Mission es sich handelt."

„Ah, das weiß noch nicht einmal ich. Ich sollte nur in diesem Schaufenster warten, bis unser Geheimagent sich bemerkbar machen würde."

„Sehr interessant", sagte der Professor, „so habt ihr also hier auf der Erde Geheimagenten? Und wenn wir jetzt hingingen und das der Spionageabwehr meldeten?"

„Machen Sie sich doch nicht lächerlich! Gehen Sie nur und erzählen Sie der ganzen Welt von einem kosmischen Küken! Man würde Sie nicht schlecht auslachen."

„Richtig, ganz richtig. Aber, da wir ja unter uns sind, erzählen Sie uns doch noch mehr über diese Geheimagenten."

„Bon. Unsere Agenten sind beauftragt, die Erdenbewohner zu identifizieren, das heißt, die ausfindig zu machen, die in ungefähr fünfundzwanzig Jahren auf dem Mars 8 landen werden."

„Das klingt ziemlich komisch. Wir auf der Erde wissen bis jetzt noch nicht einmal, wo dieser Mars 8 überhaupt ist.

„Sie vergessen, lieber Professor, daß wir da oben ja fünfundzwanzig Jahre mit der Zeit voraus sind. Ein Beispiel: Wir wissen bereits, daß der Kommandant des Raumschiffes, das von der Erde aus den Mars anfliegen wird, Gino heißt."

„Oh", sagte der älteste Sohn Professors Tiballo, – „Gino, genau wie ich."

„Das ist reiner Zufall", wies das Kosmosküken diese Bemerkung zurück. – „Er wird Gino heißen und dreiunddreißig Jahre alt sein. Also, das heißt, er ist im Augenblick, hier auf der Erde, gerade acht Jahre alt."

„Schau mal, schau mal", sagte Gino Tiballo, „genau so alt wie ich."

„Ich bitte, mich nicht fortgesetzt zu unterbrechen", rief der Kommandant des Raumeises gereizt. – „Ich war eben dabei, Ihnen zu erklären: Wir müssen diesen Gino unbedingt finden. Ihn und die anderen Mitglieder der künftigen Besatzung des Raumschiffes, um sie zu überwachen, ohne daß sie dessen gewahr werden, und sie zu erziehen, wie es sich gehört."

„Was, was?" sagte der Professor. – „Erziehen wir sie vielleicht nicht gut, unsere Kinder?"

„Hm. Nicht besonders. Erstens gewöhnt ihr sie nicht an die

Idee, daß sie einmal zwischen den Sternen herumreisen müssen. Zweitens lehrt ihr sie nicht, daß sie Weltbürger sind, drittens, daß das Wort ‚Feind‘ außerhalb der Erde nicht existiert, viertens …“

„Verzeihung, Kommandant“, unterbrach ihn da Frau Luisa, „wie heißt denn Ihr Gino mit Zunamen?“

„Bitte – der Erden-Gino, nicht meiner. Er heißt Tiballo. Gino Tiballo.“

„Aber das bin ja ich!“ sprang der Sohn des Professors auf. „Hurra!“

„Hurra? Was ‚Hurra‘?“ sagte Frau Luisa. „Du bildest dir doch nicht ein, daß dein Vater und ich dir erlauben werden …“

Aber das Kosmosküken war schon in Ginos Arme geflogen.

„Hurra! Mission vollbracht! In fünfundzwanzig Jahren werde auch ich heimkehren können.“

„Und das Ei?“ fragte mit einem tiefen Seufzer Ginos kleines Schwesterchen.

„Das essen wir jetzt sofort, natürlich.“
Und so geschah es auch.

„Überraschungs"- Eier

    Als ganz besondere Überraschung kann man sich folgendes aus-
denken: In ein ausgeblasenes Ei steckt man ein kleines, zusammen-
gerolltes Stückchen Papier, auf dem z. B. steht: „Gutschein für
eine große Tüte Bonbons" oder „Wer dieses Ei gefunden hat, hat
einen Wunsch frei". Diese Eier werden nun zusammen mit den
anderen versteckt. Damit nun nicht nur nach leeren, ausgeblase-
nen Eiern gesucht wird, kann auch einmal ein Zettel im Ei versteckt sein, auf dem steht: „Pech gehabt, weitersuchen!"

Wieviel Eier sind hier versteckt?

Auf diesem Bild findet ihr viele Gegenstände, deren Name ein „EI" enthält. Wer entdeckt die meisten? Am besten schreibt ihr sie auf einen Zettel.

Das Oster-ABC

Alle Vögel singen schon,
Blumen blühn im Garten,
Crocus, Veilchen, Anemon,
Die verschämten, zarten.
Eine Amsel schwatzt vom Mai,
Ferne blasen Hörner,
Glocken läuten nahebei
Hühner suchen Körner.
Ida flicht sich einen Kranz
Jakob neckt ein Zicklein,
Küsters Frieda träumt vom Tanz,
Ludwig macht sich piekfein.
Mutter Margaretha fährt
Nobel zur Kapelle.
Ottokar, der Mops, verzehrt
Plätzchen auf der Schwelle.
Quicklebendig wird's im Haus:
Ruth und Xaver Meier
Suchen fleißig drin und drauß
Taubenblaue Eier.
Unterm Bett, in Uhr und Hut,
Vase, Topf und Lade
Wühlen sie. Da findet Ruth
Xavers Schokolade.
Ypsilon, ist das nicht nett?
Zett!

Vom großen und vom kleinen Hasen

Ein großer Has, ein kleines Häschen. Der große Has hat große Ohren, das kleine Häschen hat kleine Öhrchen. Sie sitzen im Kohl. Der große Has frißt einen großen Kohl, das kleine Häschen ein ganz kleines Köhlchen. Da kommt der Jäger und macht piff, paff, puff. Da macht der große Has trip, trap, trip, trap und das kleine Häschen trippel, trappel, trippel, trappel – bis sie zu Haus sind. Da kriegt die Mutter den großen Hasen am großen Ohr, das kleine Häschen am kleinen Öhrchen, und da weinen sie, der große Has ganz große Tränen, das kleine Häschen so winzig kleine Tränchen, daß man sie gar nicht sieht, und da sagt die Mutter: „Nun braucht ihr nicht mehr zu weinen, jetzt mach' ich dem großen Hasen einen großen Verband und dem kleinen Häschen ein kleines Verbändchen, und dann lege ich den großen Hasen ins große Bett und das kleine Häschen ins kleine Bettchen." Und da liegen sie nun und schlafen, genauso lieb und gut wie unsere Kinder.

Auf ein Osterei zu schreiben

Dies Haus
hat keine Ecken.
Ist was Gutes drin,
laß es dir schmecken.
Steigt heraus ein Kikeriki,
hast du Musik um vier in der Früh.

Rette sich, wer kann! - oder -
Von dummen Ochsen und klugen Regenwürmern

Der Ochse auf dem Floß

Eines Tages begann die Steppe zu brennen. Die Tiere flohen vor dem Feuer. Alle wollten über den Fluß, aber es gab keine Boote mehr. Am Ufer lag nur noch ein Floß. Auf dem Floß drängten sich Schafe, Hühner und Ziegen, Hunde und Katzen zusammen.

„Nun reicht's!" krähte der Hahn.

Da kam noch ein Ochse. „Nehmt mich mit! Nehmt mich mit!"

„Kein Platz mehr!" schrien die Hühner. „Du bist viel zu schwer!"

Doch der Hase sagte: „Wir können ihn doch nicht verbrennen lassen."

Die Schafe und Ziegen rückten zusammen, und der Ochse fand noch Platz auf dem Floß.

„Los!" krähte der Hahn.

Da rief eine Maus, die in allerletzter Sekunde ankam: „Nehmt mich mit! Mein Schwanz ist schon angesengt!"

„Unmöglich!" brüllte der Ochse sofort. „Es geht nicht mehr. Schluß!" und blähte sich auf. – Plumps, lag er im Wasser!

Die Maus aber sprang erst auf ihn, dann aufs Floß und war gerettet.

Ungenügend

Ungenügend
Ich kannte einen Regenwurm,
der sich dreimal ringelte,
wenn man dreimal klingelte.
Doch sprach Professor Friedrich Stur:
Das reicht noch nicht zum Abitur!

Rette sich, wer kann!

Zwei Mäuse entdeckten eine Schüssel, die halb voll Milch war. Vom Rand aus konnten sie die Milch nicht erreichen. Da rutschten die beiden in die Schüssel. Die Schüssel war tief – so mußten die Mäuse schwimmen. Weil die Schüsselwand glatt war, konnten die Mäuse auch nicht herausklettern. Sie schwammen um ihr Leben.

Nach einer Weile sagte eine Maus: „Ich gebe auf, es nützt ja doch nichts." Sie ertrank in der Milch.

Die andere Maus, die fleißig die Pfötchen rührte, merkte auf einmal, daß sich Butterklümpchen bildeten. Da butterte und butterte die Maus, bis unter ihr ein Butterberg war, auf dem sie ausruhen konnte. Dann leckte sie ihre Pfötchen sauber und sprang zuletzt mit einem Satz aus der Schüssel.

Die Haare des Riesen

Es waren einmal vier Brüder. Drei waren winzig klein, dafür aber sehr schlau. Der vierte dagegen ein wahrer Riese mit unermeßlichen Körperkräften, doch nicht halb so schlau wie die drei anderen.

Seine Kräfte ruhten in seinen Händen und Armen, aber sein Verstand in seinen Haaren. Deshalb schnitten ihm seine schlauen Brüderchen die Haare ganz, ganz kurz, so daß er immer ein wenig einfältig blieb, und sie ihm alle Arbeit aufladen konnten – er war ja so stark. Sie schauten ihm zu und strichen den Verdienst ein.

Die Felder mußte er pflügen, das Holz spalten, das Mühlrad drehen und statt des Pferdes den Karren ziehen. Seine schlauen Brüderchen aber saßen auf dem Bock, ließen die Peitsche knallen und trieben ihn an.

Seinen Kopf und seinen Haarwuchs behielten sie stets im Auge und sagten zu ihm: „Wie gut dir die kurzen Haare stehen."

„Wirkliche Schönheit hängt keineswegs von langen Locken ab."

„Schaut mal, sein Schopf über der Stirn ist schon wieder gewachsen. Heute abend braucht er einen frischen Schnitt!"

Und sie zwinkerten sich zu und stießen sich vergnügt mit den Ellbogen in die Rippen. Auf dem Markt kassierten sie das Geld, und wenn sie ins Wirtshaus gingen, ließen sie ihn draußen vor der Tür den Wagen hüten.

Zu essen gaben sie ihm reichlich, damit er kräftig zur Arbeit blieb, und zu trinken, wenn er Durst verspürte; aber nur Wein aus dem Brunnen.

Eines Tages wurde der Riese krank, und die Brüder, voller Angst, daß er ihnen sterben würde, wo er doch noch so gut zur Arbeit taugte, ließen die besten Ärzte des Landes kommen und gaben ihm die teuersten Arzneien. Einer brachte ihm die Mahlzeiten ans Bett, ein anderer schüttelte ihm die Kissen auf, und der dritte deckte ihn zu.

„Siehst du jetzt, wie lieb wir dich haben? Stirb uns nicht weg! Das wäre ein großes Unrecht von dir!"

Sie waren derartig besorgt um seine Gesundheit, daß sie ganz

24

vergaßen, auf seine Haare zu achten. So hatten die Haare des Riesen endlich Zeit zu wachsen und wurden so lang wie nie zuvor. Aber mit den Haaren wuchs dem Riesen auch sein Verstand. Er begann nachzudenken, seine Brüder zu beobachten und sich die Dinge zusammenzureimen. Jetzt endlich begriff er, wie falsch sie immer zu ihm gewesen waren, und wie einfältig er; aber vorerst

sagte er keinen Ton. Er wartete, bis seine Kräfte zurückkehrten, und während seine Brüder noch schliefen, stand er auf, band sie wie Salamiwürste zusammen und lud sie auf den Wagen.

„Wo führst du uns denn hin, lieber Bruder? Wo führst du deine geliebten Brüder hin?"

Er führte sie auf den Bahnhof, steckte sie in irgendeinen Zug, aneinandergebunden, wie sie waren, und als einzigen Abschiedsgruß sagte er nur: „Macht, daß ihr wegkommt und laßt euch hier nie wieder blicken. Ihr habt mich genug betrogen. Jetzt bin ich der Herr."

Der Zug pfiff, die Räder begannen zu rollen, aber die drei Brüderchen verhielten sich mucksmäuschenstill auf ihrem Platz, und niemand hat sie je wieder gesehen.

Der Kojote und die Frostriesen
Ein indianisches Märchen

Es war einmal zu einer Zeit, als die Indianer kein Feuer hatten. Im Sommer wärmte die Sonne, aber im Winter brachte auch sie keine Hilfe. „Oo – ai – huh!" So murrten und klagten die Indianer. „Wir müßten ein wenig Feuer haben, dann brauchten wir nicht zu frieren. Wir müßten ein wenig vom Feuer der Sonne haben? Ja ja, das ist es, was wir brauchen!" Doch auch die ältesten und weisesten Männer des Stammes schüttelten ratlos die Köpfe, wenn man sie fragte, wie Feuer zu beschaffen wäre. „Das ist unmöglich", sagten sie. „Die Frostriesen halten das Feuer der Sonne gefangen, und niemand ist so stark, um es ihnen fortzunehmen."

Nun geschah es, daß wieder einmal der Kojote, der Präriewolf, um das Lager der Indianer schlich und diese Klagen hörte. Der Kojote war schon immer ein Freund der Indianer, weil er von ihren Abfällen lebte, von den Überresten des Wildes, das sie erlegten, und deshalb griffen ihm ihre Klagen ans Herz. Er überlegte hin und her und blinzelte endlich listig. Irgendwie würde er schon ein wenig Feuer für die Indianer beschaffen, und es müßte auch noch ein Spaß sein, dabei die Frostriesen zum Narren halten zu können.

Gedacht, getan. Er machte sich sofort ans Werk und besuchte zunächst seine Freunde, von denen er je einen mitnahm. Es waren Tiere aller Größen und Arten, eine bunte Gesellschaft, unter der sich auch ein Frosch befand. Der Kojote führte seine Freunde nach der Höhle der Riesen, und dort ließ er sie draußen in den Büschen zurück. Dann ging er allein, um auszukundschaften. Er trabte um die Höhle herum, kroch an die offene Tür heran und konnte auch einen Blick auf die Riesen werfen, die um das Feuer herumsaßen. Endlich lief er zu seinen Freunden zurück. „Ich weiß, wie wir es anstellen können", sagte er, „allerdings müssen wir alle zusammen handeln, und nun müßt ihr aufpassen! Ich gehe als erster, und wenn ich in der Höhle bin, muß das Kaninchen helfen." – „I-ch?" quiekte das Kaninchen, „meinst du mich?" – „Ja, dich", antwortete der Kojote. „Du wirst an die Tür klopfen und frech das Feuer verlangen. Die Riesen werden natürlich wütend sein und dich fortjagen. Aber dann springst du hin und her, bis sie völlig verwirrt sind. Inzwischen werde ich mir erlauben, für die Indianer etwas Feuer vom Herd zu nehmen."

Die anderen Tiere aber stellte der Kojote auf dem ganzen langen Weg auf. „Ihr werdet Läufer sein", erklärte er ihnen, „und ihr habt dafür Sorge zu tragen, daß das Feuer richtig bei den Indianern ankommt. Verstanden?"

27

Nun lief der Kojote zur Höhle und pochte an die Tür. „Laßt mich hinein", wimmerte er, „mir ist kalt", und er schlüpfte auch sofort in die Höhle, bevor die Riesen die Tür schließen konnten. – Nun klopfte es schon wieder, und diesmal war das Klopfen so laut, daß es an ein Hämmern erinnerte. Die Riesen sahen sich an, rissen die Tür auf und meinten ihren Augen nicht trauen zu können, als sie nur ein Kaninchen entdeckten. „Gebt mir von eurem Feuer", quiekte das Kaninchen. „Ihr habt kein Recht, das Feuer für euch allein zu behalten. Also los, oder ich nehme es mir selbst." Die erste Antwort der Riesen war ein donnerndes Gelächter. Aber dann wurden sie wütend und griffen nach ihren Kriegskeulen, um das Kaninchen totzuschlagen. Doch es sprang hin und her und war niemals an der Stelle, wo die Keulen auf den Boden krachten.

Der Kojote schlief nicht. Er schnappte sich ein brennendes Scheit und raste aus der Höhle. Da das lautlos geschah, hätten die Riesen nichts gemerkt, aber da stoben die Funken von dem brennenden Scheit. Die Riesen sahen den Feuerschweif und brüllten auf. Dann waren sie hinter dem Präriewolf her. Der war gerade beim Hirsch angelangt. Der Kojote warf ihm das Holz zu und schrie: „Trag du es weiter!" Der Hirsch übergab das Scheit dem Wolf, und der Wolf gab es dem Bären weiter. So ging das brennende Holz von Tier zu Tier. Zum Schluß war das Eichhörnchen an der Reihe, doch das Scheit war inzwischen auch schon so heruntergebrannt, daß dem armen Eichhörnchen das Fell versengt wurde, und nun zeigte es sich, wie gut es war, daß auch der Frosch an dem Abenteuer teilnahm. Er schnappte sich das Holz, sprang ins Wasser und schwamm weg. Doch dann sah er, daß die Riesen schon ganz dicht hinter ihm her waren. Was nun? Es war unmöglich, daß ein Frosch den Riesen entkommen konnte, er blickte sich hilfesuchend um. Da sah er einen alten, trockenen Zedernklotz am Ufer, und in diesem versteckte der Frosch das Feuer. Die Riesen entdeckten es nicht.

Seitdem hat der Indianer das Feuer. Alles, was er zu tun hatte, war nur, einen trockenen Ast der Zeder auf einem Klotz von demselben Holz zu reiben, so, als wenn er ihn hineinbohren wollte. Er mußte ihn dazu fest zwischen den Handflächen drehen. Aber bald begann das Holz zu rauchen, und etwas Glut entstand, mit der er Sägemehl und trockenes Laub zur Flamme anblasen konnte. Zur Flamme von demselben Feuer, das den Frostriesen von dem Kojoten fortgenommen worden war.

Sieben kecke Schnirkelschnecken

Sieben kecke Schnirkelschnecken
saßen einst auf einem Stecken,
machten dort auf ihrem Sitze
kecke Schnirkelschneckenwitze.

Lachten alle so:
„Ho, ho, ho, ho, ho!"
Doch vor lauter Ho-ho-Lachen,
Schnirkelschneckenwitze-Machen,
fielen sie von ihrem Stecken:
alle sieben Schnirkelschnecken.
Liegen alle da.
Ha, ha, ha, ha, ha!

Wenn ein Auto kommt
- oder - Aufgepaßt im Straßenverkehr

Eins zwei drei, Herr Poliziste,
eine alte Seifenkiste,
hundert Sachen Affenzahn
Affenkiste Seifenkahn –
drei Mark Strafe, Schweinerei!
Der ist frei.

Kubikus

Sie stehen in zwei langen Reihen hintereinander – und riechen nach Lack. Es sind seltsame Gestalten, Gestalten mit langen, dünnen Hälsen und platten Köpfen. Sprechen können sie nicht, denn sie sind aus Eisen. Und so klappern sie eben miteinander, als sie auf den Lastwagen geladen werden. Aber niemand versteht ihre Sprache – außer Kubikus.

Kubikus, der unsichtbare Geist, wohnt seit drei Tagen im Auspuff des alten Lastautos. Er pufft mit Knall und Stinkstank aus seinem dunklen Schlupfloch und tuckert erbost: „Ihr murrt und knarrt, weil ihr in eurem ganzen Leben nur auf einem Fleck stehen müßt? Ihr seid unzufrieden? Ihr könnt stolz sein, denn Straßenschilder sind eiserne Könige. Alle Menschen und alle Fahrzeuge sind euch untertan!

Ihr, mit den runden Köpfen, zähmt die Fahrzeuge. Sie befolgen eure Gebote und Verbote.

Ihr, mit den dreieckigen Köpfen, warnt vor Gefahren. Ihr rettet Menschen das Leben."

Aber die eisernen Könige schütteln nur ungläubig ihre flachen Köpfe, als das Lastauto anfährt. Doch Kubikus will es ihnen beweisen, gleich morgen.

Kaum ist die Stadt erwacht, pufft Kubikus mit Knall und Stinkstank zu dem Straßenschild an der Ecke. Es hat einen runden Kopf und einen roten Rand um das weiße Gesicht.

Tuck tuck, ist Kubikus oben. Ein Knacks – und dann geschieht etwas Seltsames: Der eiserne König kann sehen! Er sieht Kinder auf der Straße spielen. Drei Jungen flitzen mit ihren Rollern um die Wette. Fünf Mädchen halten sich an den Händen und tanzen im Kreis. Ein roter Sportwagen rast heran. Der Fahrer bremst – und das Auto hält, genau vor dem Verkehrsschild.

Kubikus aber tuckert: „Du wachst hier an der Ecke und verbietest allen Fahrzeugen, auf dieser Straße zu fahren. Alle beachten dein Verbot, wenn es dich nicht gäbe, wäre vielleicht ein Unglück geschehen."

Da strahlte der eiserne König vor Stolz.

Kubikus pufft mit Knall und Stinkstank zum nächsten Verkehrsschild. Es hat einen dreieckigen Kopf, einen roten Rand um das blaue Gesicht und mitten drin vier weiße Krakel.

Tuck tuck, ist Kubikus oben. Wieder ein Knacks – und wieder kann der eiserne König sehen. Er sieht einen grünen Autobus, einen Autobus mit Kindern. Sie drücken ihre Nasen an den großen Fenstern platt, denn sie wollen alle das alte Rathaus sehen. Da –

ein Rattern und Poltern! Ein riesiger Lastwagen, hochbeladen mit Eierkisten, rumpelt zur Kreuzung. Der Fahrer bremst – und das Lastauto hält, genau vor dem Verkehrsschild.

Kubikus aber tuckert: „Du befiehlst HALT an dieser gefährlichen Kreuzung. Vor dir müssen alle Fahrzeuge anhalten, unbedingt. Wenn es dich nicht gäbe, hätte es Eier geregnet und der Ausflug der Kinder hätte ein schlimmes Ende genommen." Da strahlte der eiserne König vor Stolz.

Kubikus pufft mit Knall und Stinkstank zum nächsten Verkehrsschild. Es hat einen runden Kopf und ein weißes Fahrrad im blauen Gesicht.

Tuck tuck, ist Kubikus oben. Wieder ein Knacks – und wieder kann der eiserne König sehen! Er sieht eine Frau aus dem Laden kommen. Sie hat viel eingekauft, denn ihre vier Kinder essen gern und essen viel. Schon nach wenigen Schritten stellt sie ihre schwere Tasche unter dem schattigen Lindenbaum ab und atmet erleichtert auf. Doch da erblickt sie das Verkehrsschild, erschrickt und tritt rasch auf den Gehweg zurück. Und schon schrillt heiser eine Klingel, der Radfahrer flitzt vorbei.

Kubikus aber tuckert: „Du hältst den Radfahrern diesen Weg frei. Nur sie dürfen ihn benutzen. Gäbe es dich nicht, wäre wohl der Radfahrer gestürzt – oder die vier Kinder hätten geweint."

Da strahlte der eiserne König vor Stolz.

Kubikus pufft mit Knall und Stinkstank zum nächsten Verkehrsschild. Es hat einen dreieckigen Kopf mit einem roten Rand und mitten im weißen Gesicht spazieren zwei schwarze Kinder.

Tuck tuck, ist Kubikus oben. Wieder ein Knacks – und wieder kann der eiserne König sehen! Er sieht einen Erstkläßler. Der Junge rennt so schnell zur Schule, daß der Ranzen klappert. Jetzt nur noch über die Fahrbahn, dann hat er es geschafft! Er schaut nicht nach links, nicht nach rechts. Eine Straßenbahn kreischt, ein Lieferwagen heult auf – und beide Fahrzeuge halten, genau vor dem Verkehrsschild.

Kubikus aber tuckert: „Du stehst hier und mahnst alle Fahrer zur Vorsicht. Alle achten auf deine Warnung, denn Kinder machen es oft wie Hans-guck-in-die-Luft. Wenn es dich nicht gäbe, würde der Junge vielleicht lange in der Schule fehlen." Da strahlte der eiserne König vor Stolz.

Kubikus puffte weiter, immer weiter und weiter, von einem eisernen König zum andern. Erst als die roten Schlußlichter der Autos über die Fahrbahn tanzten, schlüpfte Kubikus mit Knall und Stinkstank in den rostigen Auspuff zurück.

Wenn ein Auto kommt

Wie es die Hühner machen,
das weißt du doch.
Sie müssen geschwind unbedingt
auf die andere Seite noch.

Daß wir wie aufgeregte Hennen
blindlings über die Straße rennen,
kann's das bei uns geben? –
Nie im Leben!

So wird's gemacht

Stirbt Johannes Bömmel,
kommt er in den Hömmel.
Sterben aber will er nicht,
leben will er lieber.
Und er weiß auch, wie man's macht:
Auf der Straße gibt er acht.
Muß er mal hinüber,
geht er nur bei grünem Licht.

5. Woche

Eine Krähe weiß sich zu helfen - oder -
Von Kirschendieben und mutigen Spatzen

Der mutige Herr Schilp

Auf unserer Terrasse ist jeden Tag großes Spatzentreffen, denn ausgestreute Futterkerne schmecken köstlich. Zu den fröhlichen Schmausern gehört auch ein Spatzenpärchen. Sie hat ein verkrüppeltes Füßchen und er auf seinem Köpfchen drei aufrecht stehende Federchen, wie ein kleiner Hahnenkamm. Das gibt ihm ein recht verwegenes Aussehen. Als aufmerksamer Mann sucht er die besten Krümchen für sie und teilt auch mal kräftige Schnabelhiebe aus, wenn seine Eheliebste von den anderen Spatzen bedrängt wird.

Wieder ist die gewohnte Zeit. Eifrig pickend sitzt die ganze Gesellschaft um den Futterkasten, auch unser Pärchen. Plötzlich taucht ein großer Schatten auf. Ein Sperber? Auf Spatzenjagd? Nein – es ist eine Rabenkrähe, die mit elegantem Schwung auf dem Futterkasten landet. Erschreckt schreiend stürmt die ganze Schar auseinander.

Unser Pärchen ist piepsend auf einen Baum geflogen und schimpft nun lauthals über den frechen Räuber. „Schilp", sagt Frau Spatz nach dem ersten Schreck, „Schilp, hast du Töne, solche Frechheit!"

Die Krähe tut, als wäre sie allein auf der Welt. Mit ihrem großen, schwarzen Schnabel sucht sie die Haferkörner aus dem Futterkasten. Die anderen Körner fliegen in hohem Bogen heraus, so heftig wühlt sie herum.

36

„Schilp", sagt abermals Frau Spatz, „sieh dir das an, wie unmanierlich! Es ist doch unser Futter!"

„Schieb", antwortet Herr Spatz, und das soll sicher „nein" bedeuten. Er hopst plötzlich furchtlos auf die Krähe zu. Kurz vor ihr macht er halt, und ein nachdrückliches „Schieb – Schieb", fordert die Große auf, den Platz unverzüglich zu räumen. Die tut, als wenn sie das nichts angehe, und sucht weiter im Futter. Die Körner fliegen nur so durch

die Gegend. Bald ist kein Körnlein mehr im Kasten. Das gibt jedoch unserem Spatzenmann den Rest: Mit dem Futter so leichtsinnig umzugehen! Ist es die Angst um sein Futter oder das aufgeregte Piepsen seiner Ehehälfte, kurz, mit dem Mut der Verzweiflung und einem empörten Aufschrei fliegt er auf den Rücken der Krähe, dicht hinter ihren Kopf. Dort krallt er sich fest und versetzt ihr mehrere kräftige Schnabelhiebe. Nach diesem überraschenden Angriff flüchtet er schnell wieder auf einen dicken Ast. – Die Krähe ist so verstört über diesen unerwarteten Überfall, daß sie laut krächzend davonfliegt. Eine so beschämende Niederlage hat sie sicher noch nie erlebt.

Schilp guckt triumphierend hinter ihr drein. Er plustert sich mächtig auf und droht vor Stolz aus seinem Federkleid zu platzen. Frau Spatz kann sich vor Bewunderung über ihren tapferen Mann gar nicht beruhigen.

Kirschendiebe im Federkleid

Seltsame Diebe plünderten seit ein paar Tagen unseren Kirschbaum. Denn sie hatten nur die harten Kerne aufgeknackt, das saftige Fruchtfleisch aber achtlos fortgeworfen. Fred versuchte, es den geheimnisvollen „Kirschenfreunden" gleichzutun. Doch vergebens, der Kirschstein hielt seinen Zähnen stand. Wer aber vermochte soviel Kraft aufzubringen, und das nur, um an den bitteren Kern zu gelangen? Er fehlte nämlich in all den aufgesprengten Schalen, die wir unter dem Kirschbaum fanden. Umsonst spähten wir nach diesem Wesen in alle Baumwipfel.

Nirgends fanden wir eine Spur, die uns das Rätsel lösen half.

Endlich kam uns der Gedanke, in einem Versteck den Kirschdieben aufzulauern. Wir hatten ja den ganzen Sonntag Zeit dazu. Ein kleines Zelt stellten wir in der Nähe des Kirschbaumes auf und tarnten es gut mit Zweigen. Schon frühmorgens lagen wir auf der Lauer. Amseln kamen, und auch ein Eichelhäher schwang sich in den Kirschbaum. Sie kamen aber als Täter nicht in Frage, weil sie meist nur eilig eine Kirsche nahmen und damit im nahen Wald verschwanden.

Langsam wurde es uns langweilig. Gerade wollten wir unser Beobachten aufgeben, da zischte Fred wie eine Schlange, unser Zeichen, wenn sich irgend etwas Verdächtiges zeigen würde. Vorsichtig und gespannt spähten wir durch den Sehschlitz.

Da saß auf den Zweigen unseres Kirschbaumes eine Schar bunter, knapp starengroßer Vögel. Noch äugten sie scheu umher. Doch dann hüpften sie geschickt zu den Zweigen, wo die saftigen Kirschen hingen. Und nun lüfteten sie das Geheimnis der seltsamen Kirschdiebe. In wenigen Augenblicken lösten die Vögel nämlich das rote Fruchtfleisch von den Steinen, knackten sie und ließen die leeren Schalen auf den Boden fallen. Also Diebe im Federkleid, Kernbeißer, waren es. Ihr starker, kegelförmiger Schnabel und die Art, wie sie mit den Kirschen umgingen, ließ keinen Zweifel mehr aufkommen.

Eine ganze Weile beobachteten wir die Tiere. Doch als wir uns nur etwas unvorsichtig bewegten, flogen sie mit scharfen „Zickzick"-Rufen davon.

Wir aber machten uns an die Untersuchung der frischgeknackten Kirschsteine. Sie waren genau in der Mitte, dort, wo eine feine, vorgebildete Naht verläuft, aufgesprengt worden. Welche Kraft mußte doch ein Kernbeißer mit seinem Schnabel entwickeln können. Doch auch seine Arbeit ist kein plumper, nur durch Kraft bedingter Vorgang. Wir sahen es ja, der Vogel macht sich die vorhandene Zweiteilung der Kerngehäuse nutzbar. Seine Technik besteht darin, daß er mit der Zunge den Kirschstein in die richtige Lage auf knochigen Vorsprüngen seines Unterkiefers bringt und dann mit einem Druck seiner Schnabelpresse den Stein an seiner günstigsten Stelle sprengt.

Übrigens füttert der Kernbeißer seinen im Nest hockenden Jungen viele, viele Insekten und bezahlt damit schon im voraus, was er vielleicht einmal an Kirschen einheimst.

Eine Krähe weiß sich zu helfen

Eine durstige Krähe fand einen großen Krug. Der war halb voll Wasser. Die Krähe versuchte, den Krug umzustoßen, aber er war zu schwer. Da trug sie Steinchen um Steinchen herbei und ließ sie in den Krug fallen. Langsam stieg das Wasser, und schließlich konnte die Krähe trinken.

Ein Futterhäuschen

Im Sommer haben es die hungrigen Vögel leicht. Da beißen sie Kirschkerne auf, wie der Kernbeißer, holen sich kleine Kerbtiere unter der Rinde hervor wie der Specht, picken Würmchen und ausgesätes Korn auf dem Felde auf und finden manchmal sogar noch einen dampfenden Pferdeapfel. Aber im Winter? Da müßt ihr ihnen helfen.

So ein Futterhäuschen ist nach der kinderleichten Anleitung im Handumdrehen gebastelt. Einfacher geht's wirklich nicht. Und ihr werdet sehen, wieviel Freude ihr an den dankbaren Vögeln habt.

42

Die Größe richtet sich nach dem vorhandenen Holz. Doch sollte es nicht zu klein ausfallen, weil sonst die Vögel zu wenig Bewegungsfreiheit haben und die Futterstelle meiden. Das Futterhäuschen wird an windgeschützter Stelle so aufgehängt, daß Katzen nicht daran können.

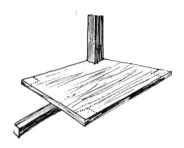 

Diese Größe ist ausprobiert: Je ein 1 cm starkes Kistenbrett 25 mal 25 cm für Boden und Dach; 1 Brett 25 mal 17 cm für die Rückwand; 5 Vierkanthölzer, 2 cm stark und 15 cm lang; 3 Leisten 5 cm breit und 25 cm lang; Dachpappe und Nägel.

4 Vierkanthölzer werden von unten her senkrecht auf das Bodenbrett genagelt und das 5. Holz unter das Brett als Anflugstange für die meisten Vögel. Anschließend wird das Dach aufgelegt und auch die Rückwand angenagelt. Zur besseren Haltbarkeit und zum Schutz vor Wind und Schnee nagelt man vorn und an den beiden Seiten die 5 cm hohen Leisten an. Zum Schluß wird die Dachpappe mit einigen Nägeln auf dem Dach befestigt.

Das ist nun gerade kein Kunstwerk, dafür aber schnell gebastelt. Und es ist immerhin besser, überhaupt ein Futterhaus aufzustellen, als darauf zu warten, bis man für ein künstlerisch gestaltetes Häuschen Zeit hat. Zur Verschönerung werden einige Fichtenzweige angenagelt.

43

Einer dümmer als der andere
- oder - Von großen und kleinen Dummen

Einer dümmer als der andere

Zwei Dumme gingen zusammen über die Straße. Da begegnete ihnen ein Fremder und grüßte sie.

„Mich hat er gegrüßt!" sagte der eine.

„Nein, mich!" meinte der andere.

„Nein, mich!"

„Nein, mich!"

Sie kamen ins Streiten, bis der eine vorschlug: „Fragen wir ihn doch, wen von uns beiden er gegrüßt hat."

Sie liefen hinter dem Fremden her. Als sie ihn eingeholt hatten, fragten sie ihn: „Wen von uns beiden hast du gegrüßt?"

Der Fremde war erstaunt, sah die beiden näher an und sagte am Ende: „Natürlich den Dümmeren von euch beiden."

„Mich also nicht", sagte der eine.

„Mich auf keinen Fall!" schrie der andere wütend dagegen.

Und wieder kamen die zwei ins Streiten.

Der Fremde lachte sie aus und ging weiter.

Die Geschichte vom Riesen Schockdeikelbert

Da ist einmal vor Zeiten ein Riese gewesen, der war ungeheuer groß und so stark wie zehn Riesen zusammen. Er konnte auch brüllen wie zehn Riesen, und immer lief er mit einer Keule herum. Wenn einer nicht wollte, wie er wollte, dann fuchtelte er bloß mit der Keule und schrie: „Willst du, oder willst du nicht? Ich schlag dich gleich in Grund und Boden!" Weiß Gott, er hätte das auch gemacht. Da tat jeder, wie der Riese wollte, und als er eines Tages wünschte, man sollte ihn zum Ober-Riesen wählen, da wählte man ihn auch, obgleich er nicht besonders klug war. Aber was blieb schon anderes übrig!

Dieser Riese hieß Schockdeikelbert. Seine Frau hieß Schockdeikelberta, Frau Ober-Riese Schockdeikelberta. Sie war dick, genauso klug wie ihr Mann und mächtig eingebildet. Sie bildete sich etwas darauf ein, daß ihr Mann Ober-Riese war, daß er so laut brüllen konnte, und daß er einen so feinen Namen hatte. Schockdeikelbert! Diesen Namen gab es in der ganzen Welt nicht mehr.

Eines Tages kam über das Gebirge ein fremder Riese. Er war von einer kleineren Sorte, und er konnte auch nicht so gut brüllen. Doch hatte er allerhand Grütze im Kopf. Wie er den Ober-Riesen drunten im Tal brüllen hörte, ging er gar nicht erst weiter, sondern blieb auf der Höhe. Er fand eine geräumige, trockene Höhle und zog mit Frau und Tochter hinein. Es lebte sich nicht schlecht dort oben. Es gab Quellwasser, Brennholz, Wild, Wurzeln, Pilze und Kräuter. Bei schönem Wetter kochte die Frau des Riesen über einem Feuer vor der Höhle.

46

Kaum hatten die Riesen im Tal eine Rauchsäule über dem Wald gesehen, so lärmten sie, neugierig, wie sie waren, ins Gebirge hinauf, um zu sehen, wer da oben feuerte. Als sie oben ankamen, fanden sie niemanden. Nur die verlassene Feuerstelle war noch da, und es roch verteufelt gut nach Wurzelsuppe. Die Riesen fanden auch die Höhle, aber keiner traute sich hineinzugehen. Der Ober-Riese wagte sich bis an den Eingang. Dort baute er sich auf, drohte mit der Keule und brüllte: „Heraus, ihr Pfeffermännchen, ihr Saftzwerge! Heraus mit euch! Ich bin der Schockdeikelbert und will euch in Grund und Boden schlagen!" Auf diese Einladung erschien niemand.

Weil es inzwischen Essenszeit geworden war, und weil es so gut nach Suppe roch, hatten die Riesen Hunger bekommen und gingen heim zum Mittagessen.

An den folgenden Tagen stiegen immer wieder Neugierige ins Gebirge hinauf, pirschten sich bis nahe an die Höhle heran und legten sich auf die Lauer. Jeder, der heimkam, hatte etwas Merkwürdiges zu berichten. „Das sind mal gescheite Leute da oben! Sie essen den gebratenen Ochsen nicht wie wir aus der Hand und verbrennen sich die Pfoten dabei, sie spießen den Braten auf angespitzte Stäbe und knabbern das Fleisch ringsherum ab."

Der zweite sagte: „Ihr denkt vielleicht, die Leute da oben hokken auf dem Erdboden wie wir! – Ha! – Der Mann hat aus Baumstämmen Gestelle gebaut, auf denen sitzen sie. Hinten können sie den Rücken anlehnen und an den Seiten die Arme!"

Der dritte sagte: „Ich weiß jetzt, wie die Leute heißen. Der Mann heißt Paul, die Frau Pauline, und die Tochter heißt Paulinchen!"

„Pfff!" machte Frau Ober-Riese Schockdeikelberta. „Pauline! Wie kann man bloß P a u l i n e heißen!"

Der vierte sagte: „Habt ihr so was schon gesehen: Der Riese Paul malt seine Höhle aus. Ein tüchtiger Mann! Der sollte mal Ober-Riese werden!"

Der Ober-Riese Schockdeikelbert fuhr hoch wie der Blitz. „Wie?" schrie er, „was? – So einen Dreikäsehoch wollt ihr zum Ober-Riesen machen? – So einen Pfifferling – so einen Paul, einen miserablichten? Auf der Stelle gehe ich hin und schlag den Paul in

Grund und Boden." Und schon rannte er los mit seiner Keule. Er fand die Familie Paul aber nicht zu Hause. In seiner Wut trampelte der Schockdeikelbert den Wald zusammen, und die Wildschweine, die ihm in die Quere kamen, schlug er zu Brei. Dann polterte er heim und kam am nächsten Tage wieder. So tobte er drei Tage. Da sagte der Riese Paul zu seiner Frau: „Pauline, irgend etwas muß ich jetzt unternehmen. Dieser Grund-und-Boden-Kerl haut mir sonst alles kurz und klein."

Am vierten Tage aber war der Wüterich merkwürdig ruhig und zahm. Dem Riesen Paul war das unheimlich. Er schlich sich aus der Höhle, lugte um eine Felsnase – und wäre vor Lachen beinahe in einen Abgrund gefallen. Der Ober-Riese Schockdeikelbert hockte auf einem Stein. Sein Gesicht war schief, denn die rechte Backe war hoch aufgeschwollen. Um den Kopf hatte der Schockdeikelbert ein

dickes Wolltuch, das war über dem Scheitel zusammengebunden und machte zwei wunderschöne Ohren. „Der Brüllatz hat Zahnschmerzen", sagte der Riese Paul zu seiner Frau. „Jetzt müßte eigentlich jedes Kind mit ihm fertig werden können. Wie ist's, Paulinchen, hättest du Mut?" Doch! Paulinchen hatte Mut. Also setzten sich die drei zusammen und dachten sich etwas Großartiges aus.

Am nächsten Morgen, als der Schockdeikelbert wieder auf dem Stein saß und wimmerte, kam ein Riesen-Mädchen auf dem Waldweg daher. „Guten Tag", sagte es. „Der Herr hat wohl Zahnschmerzen?"

„Dumme Gans", knurrte der Ober-Riese. „Das siehst du doch! Wer bist du denn überhaupt?"

„Ich bin das Paulinchen."

„Die Frau vom Riesen Paul?"

„Nein, die Tochter!"

„Ach, sieh mal an! Hat der Paul so eine große Tochter?"

„Groß? – Ich bin doch nicht groß!" sagte das Paulinchen. „Ich bin klein und schwächlich. Deswegen darf ich nur leichte Arbeiten verrichten und den kleinen Brüdern die Milchzähne ziehen!"

„Was? Brüder hast du auch noch?"

„Ja! Drei jüngere, die sind alle drei größer als ich und fünf ältere, die sind alle fünf größer als du!"

„Wie? – Was? – Größer als ich? Solche Erz-Lackl, was fällt denn denen ein? Ha, diese Lappse, die sollen nur kommen! Alle fünfe! Die schlag ich in – Au! Auweih! – Mein Zahn! – Paulinchen, wenn du so gut Zähne ziehen kannst, möchtest du mir nicht meinen bösen Zahn ziehen?"

„Gerne. Der Herr braucht bloß den Mund aufzumachen."

„Gut! Aber das sage ich dir, Paulinchen, wenn es weh tut, beiße ich dir den Finger ab."

„Das darfst du, wenn du kannst!" sagte das Paulinchen und klemmte dem Schockdeikelbert einen Holzklotz zwischen die Kiefer. Paulinchen hatte einen Korb bei sich. Aus dem nahm sie einen dicken Knäuel. Der Faden, aus dem der Knäuel gewickelt war, bestand aus zusammengedrehten und fest aneinander geknüpften Tiersehnen. In das äußere Fadenende machte Paulinchen eine Schlaufe, legte diese um den kranken Zahn und zog sie fest zu. Dann ging Paulinchen rückwärts bis zu einer dicken Eiche und ließ den Faden dabei vom Knäuel abrollen. Sie ging etliche Male um die Eiche herum, bis der Knäuel abgewickelt war. Dann machte sie den Faden mit einem dreifachen Knoten fest. Nun trat das Paulinchen zurück, nahm Anlauf, lief, sprang und stieß mit einem Tritt die mächtige Eiche um. – Rums, da lag sie! Den Schockdeikelbert riß es auf und um. Plautz, da lag er und fuhr bäuchlings einen Hang hinunter. Der hohle Zahn fuhr vor ihm her.

„Alle Wetter!" schnaufte der Ober-Riese, als die Fuhre zum Stehen kam, „und das will ein schwächliches Mädchen sein!" Er schluckte und spuckte, krabbelte sich hoch und machte sich aus dem Staube, so schnell er konnte. Auf keinen Fall wollte er auch noch diesen acht Brüdern des schwächlichen Paulinchens begegnen.

Die Geschichte von Schockdeikelbert und seinem Zahn verbreitete sich in Windeseile, und die Riesen stiefelten augenblicklich los, um die Sache an Ort und Stelle anzusehen. Der Stein dort – nein – der da, das mußte der Stein sein, auf dem Schockdeikelbert gesessen hatte. Und da lag ja auch die Eiche! Oha, ein Mords-Baum!

Die Riesen gingen ehrfurchtsvoll näher. Die Eiche – plötzlich fingen die Riesen an zu lachen und brüllten vor Lachen, daß das Gebirge wackelte wie eine alte Wand. – Die Eiche – hahahaha – die Eiche, die das Paulinchen umgetreten hatte, war durchgesägt gewesen bis auf ein kleines Stück. Und im Wipfel – hahaha – im Wipfel hing noch das Seil, mit dem Vater Paul von einem Versteck aus noch nachgeholfen hatte. Aus der Höhle kamen und lachten ebenfalls Paul, Pauline und Paulinchen. Und wo blieben die acht Söhne? – Die? – Ach, die gab es ja gar nicht! Die hatte das Paulinchen doch bloß erfunden! Na, aber so was! Der dumme Schockdeikelbert! Er wurde so entsetzlich ausgelacht, daß er bei Nacht und Nebel mit seiner Schockdeikelberta fortzog. Danach wählten die Riesen den gescheiten Paul zum Ober-Riesen. Seitdem hatten sie jeden Tag etwas Neues zu lernen und zu basteln. Zum Brüllen hatten sie keine Lust mehr und zum Prügeln keine Zeit.

Das gute und das böse Tier

Ein Mäuschen kam ins Freie, spazierenzugehen. Es tummelte sich auf dem Hof und kehrte dann wieder zur Mutter zurück.

„Weißt du, Mütterlein, ich habe zwei Tiere gesehen. Ein grimmiges und ein gutmütiges."

Die Mutter fragte: „Wie sehen sie denn aus, diese Tiere?"

Das Mäuschen antwortete: „Das grimmige Tier ging auf dem Hof hin und her und hatte schwarze Füße, einen roten Schopf, Glotzaugen und eine gebogene Nase. Als ich an ihm vorbeikam, riß es den Rachen auf, erhob ein Bein und schrie so laut, daß ich vor Angst nicht wußte, wo ich bleiben sollte."

„Das war ein Hahn", erklärte die alte Maus. „Der tut niemand was zuleide, vor ihm brauchst du keine Angst zu haben. Nun, und das andere Tier?"

„Das andere lag in der Sonne und wärmte sich. Es hatte einen weißen Hals, graue, glatte Pfötchen, beleckte seine weiße Brust und bewegte nur ein bißchen das Schwänzchen, als es mich sah."

Die alte Maus sagte: „Ach, du Närrin! Das war doch die Katze."

Himbeereis

Frühmorgens holt für seine Mutter
Andreas brav Milch, Brot und Butter
und möcht dazu – er liebt das heiß –
am Stiel ein rotes Himbeereis.
„Nein", sagt die Mutter, „denn ein Magen
kann in der Früh kein Eis vertragen."
Andreas schaut verwundert aus,
und plötzlich bricht es aus ihm 'raus:
„Ach, Mutti, kannst beruhigt sein,
so weit steck ich das Eis nicht 'rein!"

Kleine Geschenke erhalten die Freundschaft

Was kleine Kinder zum Geburtstag wünschen

Ich bin die kleine Dicke.
Ich wünsche euch viel Glücke.
Ich wünsche euch ein langes Leben.
Ihr müßt mir auch fünf Pfennig geben.

Die Kleinigkeit zum Muttertag

„Kleinigkeit!" sagte der dicke Ulf immer, wenn man sehen wollte, ob er wirklich 15 kg mit einer Hand hochstemmen könne. „Kleinigkeit!" sagte er auch, wenn man ihn aufforderte, mal einen Sprung über den Zaun zu machen. Es war alles eine Kleinigkeit für ihn. Als ihn aber seine Tante fragte, was er seiner Mutter zum Muttertag schenken werde, da wußte er nichts. „Nicht mal eine Kleinigkeit?" wunderte sich die Tante. „Tust du nichts für sie?"

„Aber ich gehe doch immer zum Kaufmann, wenn ich etwas holen soll, und mein Bett mache ich auch jeden Morgen selbst – und sonst verlangt Mutter doch gar nichts von mir."

„Siehst du", lachte die Tante, „das ist es ja gerade! Sie verlangt nichts von dir. Aber du von ihr. Von früh bis spät arbeitet sie nämlich für dich. Wäre es da nicht in Ordnung, wenn du ihr auch mal eine kleine Freude machen würdest?"

Als Ulf durch die Straßen nach Hause trabte, wußte er immer noch nichts, womit er seiner Mutter eine Freude machen könnte. Muttertag, das war schon die richtige Zeit dazu, das leuchtete ihm ein; aber etwas zu finden, womit er seine Mutter morgen überraschen konnte, das war keine Kleinigkeit.

Viele trugen Blumenkörbe nach Haus. Aber Ulf hatte kein Geld. Er brauchte seine Taschen nicht erst umzuwenden, er wußte es auch so. Andere kauften Pralinenpackungen, auch das kostete Geld. Es kostete überhaupt alles Geld, was ein klein wenig nach etwas aussah.

Eigentlich dachte Ulf, müßte ich Mutter etwas schenken, was nicht mit dem Muttertag zu Ende ist. Etwas, was immer da ist, genau wie die Sorge der Mutter um uns Kinder. Und plötzlich sah er vor sich, wie müde seine Mutter immer ist, wenn sie abends nach dem Flickkorb greift. Wie schwer mußte es ihr im Winter geworden sein, den vollen Kohleneimer vier Treppen hoch in die Wohnung zu tragen – – –

Da fiel bei ihm der Zehner. Mit dem Kohleneimer, damit war es ja jetzt in der warmen Jahreszeit nichts. Aber die Mülleimer, die würde er übernehmen. Das Versprechen, ein Jahr lang freiwillig den Müll wegzubefördern, das war etwas. Dies Geschenk würde seiner Mutter sicher Freude machen. Wenn man nur achtgab, würde man jeden Tag eine Menge Dinge finden, bei denen man zupacken konnte, ohne viel zu fragen oder zu reden. Und solche freiwilligen Hilfsdienste waren der Mutter wahrscheinlich viel wertvoller als etwas, was Geld kostete.

Doch Ulf kannte sich: In den ersten Tagen denkt man, das ist leicht, und erst wenn man Wochen und Monate bei den freiwillig übernommenen Pflichten ausharren soll, merkt man, daß auch das nicht so einfach ist. Er schrieb deshalb eine Menge kleine Kärtchen: „Gutschein für 1 mal Mülleimerdienst!" Da brauchte ihm die Mutter nur immer ein Kärtchen in die Hand zu drücken, um ihn an sein Versprechen zu erinnern.

„Kleinigkeit!" sagte Ulf, als er die Gutscheine in einen Umschlag steckte.

Und diesmal hatte er wirklich recht, denn die dauerhaftesten Freuden sind tatsächlich meist kleine, alltägliche Dinge, um die niemand ein Aufheben macht, und bei denen es gar keinen Ruhm zu erwerben gibt. Also: Eine Kleinigkeit zum Muttertag!

Kalender für die Küche

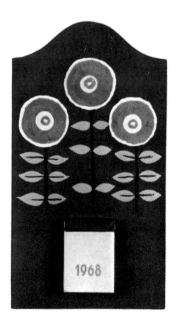

Material: ein altes (Küchen)-Holzbrett, feines Schleifpapier, Deckfarben, ein Pinsel, ein kleiner Kalender und Alleskleber.

Das Brett wird glattgeschliffen und bunt bemalt. Dann wird die Papprückwand des Kalenders mit Alleskleber bestrichen und auf dem Brett befestigt.

Streichholzschachteln

Material: gefüllte Streichholzschachteln, weißes Zeichenpapier, Filzreste und Alleskleber.

Bei diesem Geschenk besteht die ganze Arbeit darin, daß man die Streichholzschachteln mit Papier beklebt, um die weißen Flächen dann mit Blüten und Blättern zu verzieren, die man aus Filzresten ausgeschnitten hat.

Serviettenringe

Material: breite Baumwollborte, Schere, Nadel und Faden.

Von der Borte schneidet man ein etwa 15 cm langes Stück ab und vernäht die Schmalseiten sauber miteinander. Schon ist ein hübscher Serviettenring fertig.

Zum Geburtstag eines Onkels

Guten Morgen, sollt ich sagen
und ein schönes Kompliment,
und die Mutter ließ auch fragen,
wie der Onkel sich befänd!
Und der Strauß wär aus dem Garten,
falls du etwa danach fragst.
An der Türe sollt ich warten,
ob du mir auch etwas sagst.
Und hübsch grüßen sollt ich jeden
und ganz still sein, wenn man spricht.
Und recht deutlich sollt ich reden.
Aber schreien sollt ich nicht.
Doch ich sollt mich auch nicht schämen,
denn ich wär ja brav und fromm,
nur vom Kopf die Mütze nehmen,
wenn ich in das Zimmer komm.
Wenn mir eins was geben wollte,
sollt ich sagen: Danke schön!
Aber unaufhörlich sollte
ich nicht nach der Torte sehn.
Und hübsch langsam sollt ich essen.
Stopfen wär hier nicht der Brauch,
und (bald hätt ich es vergessen)
gratulieren sollt ich auch.

Für die Laternengarage

Im Winter kann Vater sein unter der Laterne geparktes Auto nicht sofort besteigen und losfahren. Er muß erst Windschutz- und Heckscheibe von Schnee und Eis befreien. Da freut er sich bestimmt, wenn er sein Auto durch zwei schnellgebastelte Überzüge schützen kann.

Aus kräftiger Pappe oder einem Rest Plastikstoff werden passend große Stücke geschnitten. Das geht leicht und genau, wenn von den Scheiben mit einer alten Zeitung Maß genommen wurde. In die Pappe werden dann etwa 4 cm von den vier Ecken kleine Löcher gebohrt, während beim Plastikstoff an den entsprechenden Stellen Knopflöcher geschnitten werden. In diese Löcher werden nun Gummisauger gesteckt, die es in jedem Haushaltwarengeschäft zu kaufen gibt.

Nun braucht Vater am Abend die Überzüge mit schnellem Handgriff nur aufzulegen, und sie halten auch einem starken Wind stand. Am Morgen sind sie ebenso schnell wieder entfernt, und der Vater kann im Nu starten!

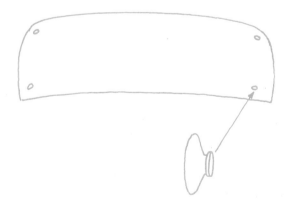

Wir schenken „neue" Blumenübertöpfe

Mit bunten Blumenübertöpfen wird Mutters Blumenbank doppelt schön. Diese originelle Geschenkidee läßt sich auch von Kindern leicht ausführen. Zunächst wird der Blumentopf sauber abgewaschen. Danach wird mit Plaka grundiert und nach dem Trocknen ein Ornament oder eine Zeichnung mit feinem Pinsel aufgemalt. Damit diese Blumentöpfe nicht nur schön anzuschauen, sondern auch „wasserdicht" sind, wird das kleine Loch im Boden einfach mit Knetgummi (Nakiplast) abgedichtet.

Für Neunmalkluge und Besserwisser

Das neunmalkluge Käuzchen

Tief drinnen im Wald – dort, wo die hohe Fichte stand – war eine kleine Lichtung. Dichtes, saftiges Gras wuchs darauf, und am Abend kamen die Rehe und Hasen, um es abzuknabbern. Noch ein bißchen später, wenn es langsam dunkel wurde, flogen die Glühwürmchen herbei, zündeten ihre Lämpchen an und wiegten sich vergnügt im Leuchtkäfertanz. Und die Grillen zirpten ihnen eine lustige Melodie dazu. Doch auch am Tage war auf der Lichtung ein ständiges Kommen und Gehen, denn alle Tiere des Waldes liebten diesen Platz.

Gerade hier wohnte das Käuzchen. Hoch oben in der dicken Fichte hatte es sich in einem Astloch behaglich eingerichtet und schaute von dort auf das Leben und Treiben unter sich, als säße es im Theater. Und weil ihm diese Beschäftigung gefiel, war es immer gut aufgelegt. Die anderen Tiere hätten es also eigentlich alle sehr gern haben müssen. Aber leider – das Käuzchen hatte einen großen Fehler. Es wußte immer alles besser als andere!

Kam zum Beispiel das Eichkätzchen daher und platzte fast vor lauter Eifer, eine unerhörte Neuigkeit loszuwerden, dann sagte das Käuzchen nur ganz von oben herab zu ihm: „Ach das – das ist ja eine uralte Geschichte – die habe ich längst gekannt!", selbst wenn es von der ganzen Angelegenheit bis zu diesem Augenblick nicht die geringste Ahnung gehabt hatte.

Oder das Häschen hoppelte heran und rief zu Käuzchens Fensterplatz hinauf:

„Denk nur, was mir eben Schreckliches geschehen ist! Fast hätte mich der Jäger erwischt!"

Das Käuzchen aber antwortete ihm:

„Na bitte! Habe ich das nicht schon immer kommen sehen? Warum bist du auch ständig so unvorsichtig! Mir könnte so etwas nie passieren!"

Und als schließlich der Hamster wutentbrannt dahergepoltert kam, weil ihm jemand sein ganzes, mühsam zusammengetragenes Hamsterlager ausgeräubert hatte, als er auf neuer Vorratssuche war, da wußte das Käuzchen keinen anderen Trost als:

„Also – ich muß schon sagen – das geschieht dir recht! Wie kann man auch so habgierig sein. Nimm dir nur ein Beispiel an mir!"

Und weil schließlich keiner gerne solche patzigen Antworten hört, wenn er gerade Kummer hat, waren alle Tiere auf das Käuzchen böse und beschlossen, ihm einen Denkzettel zu erteilen.

An einem Sommermorgen kam also das Eichkätzchen vor Käuzchens Astloch geturnt und rief:

„Käuzchen, komm heraus, ich muß dir etwas erzählen. Denk nur, ich habe gerade eine Höhle entdeckt, in der wimmelt es nur so von fetten kleinen Mäusen!"

Dem Käuzchen lief gleich das Wasser im Schnabel zusammen, denn fette kleine Mäuse waren seine Leibspeise. Trotzdem antwortete es:

„Ach, die Höhle – die kenne ich längst!" und nach einer kleinen Pause wie nebenbei: „Wo – sagtest du – liegt sie?"

„Hinter den drei großen Buchen, wo die vielen Felsbrocken

liegen. Aber ich muß dir erklären, wie du wieder herauskommst. Man kann sich leicht darin verirren!"

„Das brauchst du nicht. Mir passiert so etwas nicht!" meinte das Käuzchen.

Und dann machte es sich sogleich auf den Weg, denn es hatte heute noch nicht gefrühstückt. Mit einiger Mühe fand es die Höhle und schlüpfte eilig hinein. Darauf aber hatten die anderen Tiere, die sich schon vorher hier versteckt hatten, nur gewartet. Alle miteinander rollten sie ächzend und schnaufend einen dicken Felsbrocken vor den schmalen Eingangsspalt. Dann trollten sie sich davon.

Da saß nun das Käuzchen im Dunkeln in der unbekannten Höhle; und soviel es sich auch mühte, es konnte den Ausweg nicht mehr finden. Immer wieder flog es aufgeregt hierhin und dorthin. Aber jedesmal stieß es wieder mit dem Kopf gegen den harten Fels.

Es wußte nicht, wie lange es schon in der Höhle gefangen war, aber die Zeit erschien ihm endlos. Tatsächlich aber waren nicht mehr als ein paar Stunden vergangen, da trafen sich wieder alle Tiere vor der Höhle, um den dicken Stein beiseite zu rollen.

Kaum war der Eingang frei, da schoß das Käuzchen daraus hervor. Aber es fuhr erschrocken zurück, als es von einem schadenfrohen Gelächter empfangen wurde.

„Hast du das auch schon gewußt?" prustete der Hamster und hielt sich den Bauch vor Lachen.

„Wie konnte dir nur so etwas passieren?" kicherte das Häschen und wackelte vor lauter Vergnügen mit seinen langen Ohren. So hatte jedes Tier seinen Spott für das Käuzchen bereit.

Da breitete es seine Flügel aus und flog – so schnell es nur konnte – in sein schützendes Astloch zurück. Und damit es nicht wieder ausgelacht wird, kommt es seitdem nur noch des Nachts heraus.

Weil es aber sein Besserwissen selbst jetzt noch nicht bleiben lassen kann, streicht es durch den dunklen Wald und ruft einmal ums andere:

„Ick weiiiiit, ick weiiiiit", und das heißt genausoviel wie „Ich weiß, ich weiß!" Zu seinem Unglück aber hört nur noch der Uhu seinen nächtlichen Ruf – und der ist viel zu alt und weise, um sich darüber zu ärgern.

Die Geschichte vom Tulifant

Wißt ihr, wer ein Tulifant ist? Ein Bürschchen, das noch klein ist, aber groß sein möchte, eigentlich also ein Gernegroß. Weil sich aber Tulifant hübscher anhört als Gernegroß, wurde der Junge in unserer Geschichte von seiner Mutter so genannt.

Tulifant stand an der Gartenpforte und sah hinüber zum Wald. Weil er noch zu klein war, durfte er nicht hineinlaufen. Er hörte die Vögel im Wald singen und merkte, daß er schon über die Gartenpforte hinübergucken konnte.

„Ich bin groß", dachte Tulifant, schlüpfte durch die Gartenpforte, überquerte die Straße und lief in den Wald.

Auf dem Weg sah er einen Marienkäfer liegen, der aus Leibeskräften strampelte, um wieder auf seine sechs Beine zu kommen. Tulifant hob ihn sachte hoch und setzte ihn auf die Hand.

„Kleiner Käfer, du bist deiner Mutter sicher auch weggelaufen?" fragte Tulifant. „Und als du auf den Rücken gefallen warst, konnte sie dir nicht helfen, weil sie nicht bei dir war." – „Ich bin kein kleiner Käfer, sondern schon erwachsen", antwortete der Marienkäfer. „Jedem Käfer kann es einmal passieren, daß er auf den Rücken fällt." Er bedankte sich bei Tulifant für die Hilfe, lupfte die Flügel und flog davon.

Als Tulifant weitertrottete, lief ihm eine Ameise über den Weg. Sie schleppte sich mit einer Tannennadel ab.

„Liebe Ameise, bist du deiner Mutter auch weggelaufen?" fragte Tulifant wieder. Nein, die Ameise war nicht weggelaufen. Sie half beim Bau eines großen Ameisenhaufens.

Nun begegnete ihm eine Katze, die kläglich miaute. „Bist du deiner Mutter auch weggelaufen?" fragte Tulifant. Es war aber eine Katzenmutter, die ihr Kätzchen suchte. „Es könnte ihm etwas zugestoßen sein", jammerte die Katzenmutter und lief weg, um ihr Kleines zu suchen.

Da fiel Tulifant ein, daß auch seine Mutter Angst um ihn haben könnte.

Da hörte er eine junge Amsel im Gesträuch ganz erbärmlich piepsen. „Flieg weg", sagte Tulifant zu ihr, „gleich kann die Katze kommen!" Aber die junge Amsel konnte noch nicht fliegen. Sie hatte das Fliegen zu früh versucht und war dabei aus dem Nest gefallen. Ja, auch die Amsel war ein kleiner Gernegroß, ein Tulifäntchen. Nun konnte sie Mutter Amsel nicht wiederfinden, nun mußte sie verhungern.

„Ich nehme dich mit nach Hause, da will ich dich füttern", sagte Tulifant und steckte die junge Amsel vorsichtig in seine Tasche. Tulifant wollte jetzt umkehren. Er dachte wieder an seine Mutter, die sicher Angst um ihn hatte. Er fing auch an, sich in dem Wald zu fürchten, in dem sich kleine Tiere verlaufen konnten, die wie er leichtsinnige Tulifäntchen waren und ihre Mutter verlassen hatten.

Wo aber war nur der Weg nach Hause? Hier war ihm doch die Katzenmutter begegnet. Ein Stückchen weiter mußte doch der Ameisenhaufen sein, wo die Ameise mit der Tannennadel über den Waldboden gelaufen war. Vielleicht würde er auch den Marienkäfer wieder treffen. Sie alle konnten ihm wohl den Weg zeigen. Aber sie waren nirgends zu sehen, nicht die Katzenmutter, nicht die Ameise, nicht der Marienkäfer. Und es wurde Abend. Die Sonne ging unter. Schon erschien der Mond, der gute Nacht-

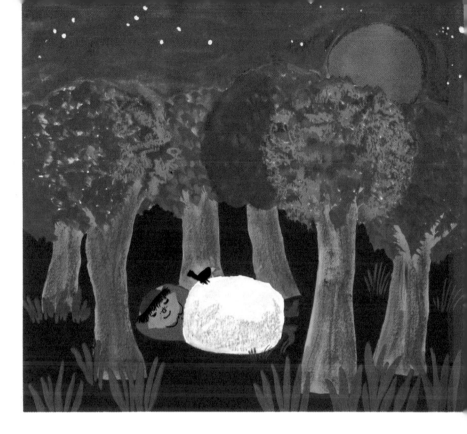

wächter. Er legte seine Arme auf ein weiches Wolkenkissen. Nun konnte er bequemer hinunterblicken. Er sah in die Fenster, ob auch schon alle Kinder im Bett lagen. O ja, alle – nur ein Bett war leer, das von Tulifant.

„Da muß ich ihn wohl suchen", sagte der gute Mond. Und er ließ seine freundlichen Augen über den Wald hinwandern. Gar nicht lange, da fand er den Tulifant. Der saß da, weinte bitterlich und hielt die junge Amsel in der Hand, die jämmerlich vor Hunger piepste.

„O weh, jetzt möchte ich lieber nicht der Mond sein, sondern Tulifants Vater. Dann könnte ich ihn nach Hause tragen. Tulifant wird sich erkälten", sagte der Mond. Dann warf er Tulifant sein dickes Wolkenkissen hinunter, und Tulifant, der sehr müde war, schlief gleich darunter ein, nur das Amseljunge piepste weiter.

Als der Mond nach einer guten Weile wieder in den Waldwinkel guckte, in dem Tulifant schlief, wurde er beinahe zornig. Er wunderte sich, daß auf den Waldwegen einige seiner Sterne spazierengingen. Sie wollten wohl gar den kleinen Ausreißer besuchen – nein, das hatte er nicht verdient. Als er aber seine Sterne zählte, leuchteten alle brav vor sich hin, keiner fehlte. Da besah sich der Mond die wandernden Lichter im Wald ein bißchen näher und sah: es waren Tulifants Vater, Mutter, Bruder und Schwester, die mit Taschenlampen den Wald absuchten, und Nachbarn und gute Freunde suchten mit.

„Da hat eben ein Vogel gepiepst", sagte die Schwester, so fanden sie den Tulifant.

Er wollte nie mehr weglaufen, versprach Tulifant. Und die Mutter meinte, daß sie dann dem Tulifant auch einen anderen Namen geben müsse, denn er sei wohl jetzt kein Gernegroß mehr.

Das brave Hänschen

Ich bin ein braves Hänschen,
die anderen sind das nicht!
Und noch was muß ich sagen:
ich bin ein helles Licht.

Denn wird es draußen einmal naß
und merk ich, braves Hänschen, das,
dann zieh ich alle Sachen aus
und trag sie unterm Arm nach Haus,
damit sie trocken bleiben.
Ist das von mir nicht wundervoll?
Ich find mich braves Hänschen – toll!
      Und wenn wir mal spazierengehen,
      dann bleib ich immer wieder stehen
      und zähle Blatt und Baum und Strauch –
      und meine Strümpfe strick ich auch!
Und petzen kann ich wunderbar!
Dem Lehrer wird stets alles klar!
Und wenn die anderen toben –
dann sehn' ich mich nur fürchterlich
nach Schularbeit und Unterricht!
Da muß ich mich doch loben!
      Die anderen waschen sich so lasch –
      mit Schwamm und Seife und so rasch!
      Ich aber schrubbe Haut und Haar
      mit einem Drahthaarbürstenpaar
      und reib mit Glaspapier mich ab –
      das mach ich sogar stündlich!
      Bin ich nicht furchtbar gründlich?
Ich bin so brav, so klug, so lieb!
Und dabei so bescheiden!
Nur eins versteh ich wirklick nicht:
– Es mag kein Mensch mich leiden –

Die seltsame alte Dame
- oder - Kleine Tiere mit Pfiff

Die seltsame alte Dame

Eines Morgens sagte Bärbel: „Wir wollten doch zu einer seltsamen alten Dame gehen? Wer ist denn das? Gehen wir jetzt gleich?" – „Ach", lachte Onkel Otto, „ich bin ja noch gar nicht ganz wach! Zu ihr müssen wir gehen, wenn es Abend wird. Den Sonnenschein liebt sie nämlich gar nicht!" – „Na, die scheint wirklich seltsam zu sein! Wer mag denn keinen Sonnenschein?" fragte Bärbel neugierig. „Nicht so ungeduldig, mein Fräulein!" sagte Onkel Otto. „Wenn es Abend wird, darfst du mich rufen!"

So oft hatte Bärbel noch nie zum Himmel geguckt. Aber endlich kam die Dämmerung, und sie lief zu Onkel Otto. „Schnell, Onkel, sonst ist es finster, und wir sehen nichts mehr!"

Als sie durch den Hof gingen, bückte sich Onkel Otto und nahm einen Regenwurm auf. „Hii!" rief Bärbel. „Was willst du denn nur mit dem Regenwurm?"

„Das ist unser Mitbringsel!" erklärte Onkel Otto.

Bärbel wurde immer neugieriger. Sie erwartete einen weiten Spaziergang, aber schon im Garten hinter dem Hause blieb Onkel Otto an einem Holunderbusch stehen und rief: „Agathe, Agathe!" Und nach einem Weilchen noch ein paarmal „Agathe!" Da raschelte es im Gras, und langsam und behäbig kam eine dicke Kröte angekrochen. Onkel Otto hielt ihr in kurzer Entfernung den

Regenwurm hin und - hast du nicht
gesehen! – hatte sie ihre klebrige
Zunge herausgeschnellt und den
Regenwurm daran festgeklebt.

Bärbel war einen Schritt zurückgetreten, denn sie fand die „alte
Dame" furchteinflößend. „Wie kannst du nur solch ekliges Tier in
deinem Garten dulden, Onkel?" meinte sie dann und schüttelte
sich. „Schau sie dir nur genau an!" antwortete der Onkel. „Sie ist
das nützlichste Tier, das man im Garten haben kann. Tag für Tag
vertilgt sie ungeheure Mengen Schädlinge: Schnecken, Engerlinge,
Maulwurfsgrillen und alle Käfer. Und Raupen in jeder Zahl! Und
sieh nur die schönen orangefarbigen Augen!" Bärbel ging nun doch
etwas näher heran. „Ist sie schon lange hier im Garten?" fragte
sie. „Du wirst es kaum glauben", erzählte Onkel Otto. „Unsere
Agathe wohnt hier in einem Erdloch schon zehn Jahre. Und wahrscheinlich wird sie noch zehn Jahre oder länger hierbleiben. Tags-
über ist sie in ihrem Bau, ähnlich wie der Fuchs in seiner Höhle;
natürlich ist diese viel größer. Und nachts geht sie auf Jagd." –
„Ich hätte nie gedacht, daß Erdkröten auf ihren Namen hören
lernen und aus der Hand fressen", meinte Bärbel staunend. „Jetzt
finde ich sie gar nicht mehr so häßlich. Aber ich habe gehört, man
dürfe Kröten nicht anfassen. Sie haben Gift auf ihrer Haut!" –
„Ach", sagte Onkel Otto ärgerlich, „das ist wieder solch Märchen,
das Menschen den nützlichen Tieren angedichtet haben. Die Kröten sondern zwar eine Flüssigkeit aus den Hautdrüsen ab, aber die
schadet keinem Menschen. Bringt man zufällig etwas davon an die
Lippen, dann brennt es zwar ein bißchen, aber selbst da schadet es
nicht." – „Fressen die Kröten auch Schmetterlinge?" wollte Bärbel

nun wissen. Allmählich gefiel ihr Agathe immer besser. „Nein, die mögen sie nicht", lachte Onkel Otto und erzählte dann: „Weißt du auch, warum nicht? In alten Zeiten hatte eine besonders unersättliche Kröte einen schönen Schmetterling erwischt und wollte ihn gerade verzehren. Da mußte sie niesen, denn der zarte Staub, der auf den Schmetterlingsflügeln liegt, war ihr in die Nase gekommen. Und nun nieste sie und nieste und nieste und kam vor lauter Niesenmüssen nicht mehr zum Fressen und nicht mehr zum Schlafen. Und nach kurzer Zeit war sie tot. Jede Kröte erzählt diese Geschichte ihren Kindern, und so kommt es, daß die Kröten bis auf den heutigen Tag keine Schmetterlinge fressen. Ich bin sicher, daß Agathe es auch schon ihren Kindern erzählt hat!"

„Ich werde sie jetzt oft besuchen und ihr auch einen Regenwurm mitnehmen. Aber ich lege ihn nur vor sie hin, denn ich habe Angst vor ihrer klebrigen Zunge", sagte Bärbel. Onkel Otto freute sich, daß das Mädchen seine liebe Agathe nun auch leiden mochte.

In Dalles

Eine Fliege störte beim Mittagsschlaf
einen müden Gangster in Dalles.
Der schlug alle Tische und Stühle entzwei
und alles und alles und alles.
Nur die Fliege traf er nicht.
Sie lebt noch heute in Dalles.

Die Spinne

Gertraud fürchtete sich vor Spinnen. Eines Tages saß sie im Gras
– es war ein schulfreier Spätsommernachmittag – und schaute ge-
dankenlos in die Runde, bald in die Luft, dann wieder auf den
Boden. Plötzlich schreckte sie hoch: eine Spinne lief daher! Und
noch eine – aber waren das wirklich Spinnen? Den Beinen und
dem Kopf nach hätte es Gertraud geglaubt, doch das übrige, gehörte das wirklich dazu? Es schaute wie ein im Durchmesser halb-
zentimetergroßes weißes Wattekügelchen aus, das herumgetragen
wurde. Oder das selber herumlief?

„Vati, schau doch bitte her", rief Gertraud. „Aber rasch."

„Was ist denn passiert?" Der Vater folgte sogleich ihrem Ruf.

„Nichts! Aber schau, was ist das?" Sie deutete mit dem Finger
auf das weiße Wollknäuelchen, das gerade durch das Gras kroch.

Der Vater faßte ganz sachte das lebendige Wattekügelchen, legte es auf seine Handfläche und hielt es Gertraud hin. „Schau, wie hübsch das ist, eine Spinnenmutter mit ihrem Nestchen!"

Zuerst hielt sich Gertraud in vorsichtiger Entfernung, kam dann aber näher und betrachtete zuletzt, fast mit der Nasenspitze, das kleine Wunder. „Ist das niedlich!" rief sie.

Es war aber auch wunderhübsch, was sie da sah: ein sehr niedlich aussehendes kleines Spinnlein trug ein weißes Kügelchen, das mindestens dreimal so groß war wie es selbst, auf dem Rücken und hatte es mit mehreren weißen Fäden um seinen Leib gewickelt, direkt festgebunden.

„Was ist denn in der kleinen Kugel?" fragte Gertraud atemlos vor Verwunderung.

„Spinneneier", sagte der Vater. „Sie sind winzig klein, etwas gelblich, und es sieht aus, als würden sie in ebenso winzig kleinen Zellen stecken. Als läge jedes kommende Spinnlein schon in seinem eigenen Bett. Übrigens werde ich dir später im Herbst noch etwas Ähnliches zeigen."

Im Herbst führte der Vater Gertraud dann an einen Nußbaum und fragte, was sie an der Rinde entdecken könne. Fragend schaute sie zu ihm auf. Was sollte sie sehen?

„Siehst du nicht, wie über die kleinen Schrunden der Rinde ganz feine Schleier gespannt sind?" fragte er.

„Doch, jetzt sehe ich es", rief sie erfreut. „Und wozu?"

„Schau einmal ganz genau hin, dann siehst du kleine, weiße Fleckchen dahinter. Auch das sind Spinneneier, also Spinnennestchen! Und wenn du achtgibst, siehst du an den sogenannten Marienfäden, die jetzt öfter wie Teile abgerissenen Bindfadens durch die Luft fliegen, kleine, weiße Knötchen – auch das sind Spinnennester! Der Wind trägt sie durch die Luft, damit sie sich verstreuen können."

„Das ist ja wunderbar", sagte Gertraud nachdenklich. „Jetzt fürchte ich mich beinahe gar nicht mehr vor Spinnen."

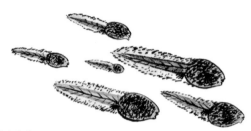

Verwandlungen im Teich

Ein schöner, warmer Maitag geht zu Ende.

Die Wasserfrosch-Mama hockt völlig erschöpft am Ufer des Teiches. Sie hat ein paar hundert Eier gelegt und die Ruhe redlich verdient. Als gelber Klumpen liegen die Eier im Wasser. Sie sind sorgfältig in Schleim gehüllt, der den Ballen zusammenhält und kleine Fische hindert, sie als Leckerbissen zu verspeisen. Um das Weitere kümmert sich Mama Wasserfrosch nicht mehr. Das Ausbrüten ihrer Nachkommenschaft überläßt sie den Sonnenstrahlen. Dann sollen die Jungen selber sehen, wie sie sich durchs Leben schlagen.

Hoppla! Was da einige Zeit später aus den Eiern schlüpft und an dem Schleim herumknabbert, sind doch gar keine richtigen Fröschlein! Die Jungen sehen ihrer Mama nicht im geringsten ähnlich! Es sind winzige schwarze Teufelchen, die nur aus einem Steck-

nadelkopf und einem noch kleineren Ruderschwänzchen zu bestehen scheinen! So unähnlich sind sie der Mama, daß sie sogar
einen anderen Namen tragen. Sie heißen nicht Wasserfröschlein,
sondern Kaulquappen.

Es steckt Leben in ihnen und noch viel mehr Appetit. Wie Ko-
bolde quirlen sie durcheinander und finden überall Futter. Wenn
sie den Schleim aufgezehrt haben, der noch vor kurzem ihr Schutz
gewesen ist, lutschen sie an weichen Wasserpflanzen. Doch bald
bekommen sie zu spüren, daß das Leben auch seine Schattenseiten
hat. Scharen von Räubern fallen über sie her: Raubfische, Wasser-
käfer, Wasserspinnen und die grimmigen Larven der Libellen.
Wenn die Froschmama nicht so viele Eier gelegt hätte, würde
kaum eines der Jungen überleben. So aber kommt immerhin noch
eine ganze Menge durch.

Diese davongekommenen Glücklichen futtern weiter und wachsen. In toten Schnecken entdecken sie eine neue, besonders nahr-
hafte Schleckerei.

Dann geschieht wieder etwas Seltsames.

Den schwarzen Kobolden wachsen Hinterbeine mit Füßen und
Schwimmhäuten zwischen den Zehen! Der Ruderschwanz ver-
kümmert, und nach einigen Tagen sprossen aus dem kleinen, fast
durchsichtigen Körperchen auch die Vorderbeine heraus. Immer
mehr ähneln die Knirpse ihrer Mama.

Nur wenige der Brüder und Schwestern sind noch übriggeblieben,
aber diese sind richtige kleine Fröschlein geworden. Drei Monate
hat die Verwandlung gedauert. Die Froschbuben und die Frosch-
mädchen kriechen jetzt aus dem Wasser aufs Land. Sie müssen Luft
schnappen. Als Kaulquappen konnten sie im Wasser atmen wie

die Fische, als Frösche können sie das nicht mehr. Jetzt besitzen sie richtige Lungen und dürfen sich nur mehr so lange im Teich aufhalten, bis ihnen die Luft ausgeht.

Neunzehn Tierchen sind übriggeblieben von dem Eierklumpen, den die Froschmama an jenem warmen Maitag ins Wasser gelegt hat. Aber sie ist nicht die einzige Mama gewesen. Viele andere haben dasselbe getan wie sie, und so kriecht an diesem schönen Augustnachmittag eine ganze Menge roßkäfergroßer Wasserfröschlein aufs Trockene.

Der Bauer Schulze, der am Ufer des Teichs vorübergeht, gibt acht, daß er keines der Tierchen zertritt. „Das ist ja ein richtiger Froschregen", meint er schmunzelnd.

Spielen kann man immer
- oder - Die seltsame Grit

Die seltsame Grit

Warum geht die Grit so seltsam
und macht Schritte wie ein Mann,
hebt die Augen nicht vom Boden,
murmelt Worte dann und wann?

Warum läuft die Grit so komisch,
trippelt wie ein kleines Kind,
wo doch Mädchen ihres Alters
sonst im Laufen sicher sind?

Warum hopst die Grit so drollig,
so als wär der Boden heiß,
geht auf ihren Zehenspitzen
mal gradaus und mal im Kreis?

An der bunten Litfaßsäule
atmet sie erleichtert auf,
wie ein sieggewohnter Sportler
nach dem 100-m-Lauf.

Denn daß diese Strichentscheide
wichtig und auch richtig sind,
wußte schon vor fünfzig Jahren
Großmama als kleines Kind.

Triumphierend blickt sie um sich:
„Ich darf doch zur Tante hin,
weil ich niemals bei dem Hopsen
auf den Strich getreten bin!"

Das Spiel mit der Windrose

Als es vom Kirchturm 12 Uhr schlägt, springt Heiner so ruckartig vom Mittagstisch hoch, daß man auf Schlimmes gefaßt sein muß.

Im Laufen ruft er seiner Mutter zu:

„Entschuldige, Mutti, ich bin gleich wieder hier, aber ich habe Hans etwas ganz Wichtiges versprochen!"

Die Mutter schüttelt ein wenig ärgerlich den Kopf, ist jedoch neugierig, was dem Heiner wieder einmal eingefallen sein mag. Als sie dann zu dem Fenster hinausschaut und Heiner mit einer Latte nach der Sonne schießen sieht, muß sie doch lachen. Sie fragt Heiner, der gleich wieder hier ist:

„Na, Heiner, was hatte denn diese eigenartige Schießübung auf die Sonne zu bedeuten?"

„Die Sonne steht doch nur mittags 12 Uhr genau im Süden. Ich habe sie mit der Latte angepeilt und die Latte in die Südrichtung gelegt. Hans aus der 6. Klasse kommt nachmittags mit einem Kompaß, den ihm sein Vater zum Geburtstag geschenkt hat. Er will überprüfen, ob die Latte richtig liegt, und uns ein neues Spiel erklären."

Nach dem Mittagessen treffen die Schulkameraden aus dem 3. Schuljahr ein, auch Peter aus der 2. Klasse, und bald darauf Hans. Die Sonne ist zwar schon weitergewandert, aber Hans beweist mit seinem Kompaß, daß Heiner die Latte genau gelegt hat.

„Wenn ich nach Süden schau, so habe ich im Rücken Norden, links von mir Osten, rechts Westen", erklärte er weiter. „Und jetzt legen wir eine zweite Latte wie einen Kreuzbalken darüber und haben die Ost-West-Richtung."

„Und wie geht das versprochene Spiel?" fragt der neugierige Fritz.

„Abwarten", sagt Hans.

„Zwischen diesen Haupthimmelsrichtungen können wir noch die Nebenhimmelsrichtungen legen, zwischen Norden und Osten Nordost, zwischen Norden und Westen Nordwest, zwischen Süden und Osten Südost, zwischen Süden und Westen Südwest."

„Das nennt man Windrose", weiß der immer schlaue Gerhard. Und Hans erzählt ihnen, daß er in seinem Garten eine kleine Windrose gebaut hat: „Genau wie die Latten jetzt liegen, so habe ich Steinchen an Steinchen gesetzt und an deren Enden die Buchstaben N, NO, O, SO, S, SW, W, NW ebenfalls mit Steinchen gelegt."

„Aber nun erkläre uns schon das Spiel", meint Walter ungeduldig.

„Aufgepaßt, Leute, es ist fein, daß ihr zu acht seid. Jeder stellt sich fünf Schritte vor einem Lattenende auf und spielt einen Wind. Ihr wißt ja, daß der Wind immer nach der Richtung benannt wird, aus der er kommt. Wer also zuerst Nordwind sein will, stellt sich etwa fünf Schritte vor die Nordspitze der Windrose auf, das ist hier! Wer Südwind sein will, fünf Schritte vor die Südspitze, das ist hier, usw. – Gut, jetzt sind alle Richtungen besetzt. Wißt ihr aber auch noch, was für ein Wind ihr seid?"

„Ich bin der Nordwind", sagt Heiner richtig.

„Ich bin der Nordostwind", sagt Fritz richtig.

„Ich bin der Ostwind", sagt Gerhard richtig.

„Ich bin der Südostwind", sagt Walter richtig.

„Ich bin der Südwind", sagt Helmut richtig.

„Ich bin der Südwestwind", sagt Werner richtig.

„Ich bin der Westwind", sagt Wolfgang richtig.

„Ich bin ... Ich bin ...", sagt stotternd der Peter aus der 2. Klasse.

„Du bist der Nordwestwind", anworten für ihn die anderen.

„Gut, ihr habt es verstanden. Wenn ich jetzt einen Wind aufrufe, so läuft er rasch in die Mitte und springt über das Lattenkreuz zu seinem Gegenüber. Dieser muß mit ihm den Platz wechseln und übernimmt seinen Windnamen."

Nachdem Hans einige Male die verschiedenen Winde aufgerufen hat, finden sich alle immer besser in den Richtungen zurecht. Als dann sogar Peter mault, daß ihm das Spiel schon langweilig werde, läßt Hans ‚ein Häuschen weiterrücken'. Nun wird aus dem Nordostwind ein Ostwind, usw. Und jetzt heißt es besonders gut aufpassen! –

Als sie sich auch daran satt gespielt haben, will Peter von Hans das schwarze Zauberkästchen mit der Zaubernadel in die Hand

bekommen. Wie man das Kästchen auch drehen mag, die Zaubernadel pendelt in die gleiche Richtung. Es stimmt wirklich, wenn
Hans dazu in einem fort wie ein großer Zauberer murmelt:

> „Wenn ich auch dreh in einem fort,
> die Nadel zeigt nur stets nach Nord.“

Ein schönes Spiel

Wir bauen uns im Treppenflur
ein Schiff aus lauter Stühlen nur.
Wir polstern das Schiff mit Kissen
für unsre Fahrt im Ungewissen.
Säge und Nägel nahm ich mit
und Wasser in der Badebütt.
Tom rief mir zu: „Nimm Schmalgebäck
und einen Apfel mit an Deck!“
Das war genug, um auf der See
zu segeln bis zum Fünf-Uhr-Tee.
Wir fuhren tagelang, wir zwei,
und spielten wunderbar dabei.
Doch Tom fiel aus. (Er stieß sein Bein.)
So blieb auf der See nur ich allein.

Handwerk raten

Ein Spieler verläßt das Zimmer. Die anderen machen ein Handwerk aus. Nun fordert der Ratende einen nach dem andern auf, eine Bewegung aus der Tätigkeit dieses Handwerks zu machen. Nach fünf Versuchen muß er das Handwerk erraten. Bei Kindern macht man am besten aus, daß alle Kinder dieselbe Bewegung machen, die der Spielleiter vormacht. Sie spielen dann aktiv mit, was bei der kurzen Geduldspanne von Kindern sehr wichtig ist.

Ball durchs Loch

Ein Spiel, das man ganz allein spielen kann oder als Wettspiel mit mehreren Kindern. Dann geht es natürlich um Punkte.

In eine alte Pappschachtel ohne Deckel schneidet man in die Mitte ein Loch, das etwas größer sein muß als der Ball, mit dem gespielt wird.

In der rechten Hand hält man die Schachtel. Mit der linken Hand wirft man den Ball kräftig auf den Boden, so daß er zurückspringt. Er muß nun durch das Loch im Karton springen. Ist er durch, schlägt man ihn wieder auf den Boden: er soll wieder durch das Loch springen. Wie oft gelingt das wohl hintereinander?

Mein Ball

Mein Ball
zeigt, was er kann,
hüpft
hoch wie ein Mann,
dann
hoch wie eine Kuh,
dann
hoch wie ein Kalb,
dann
hoch wie eine Maus,
dann
hoch wie eine Laus,
dann
. . . ruht er sich aus.

Großer Zauber

Ein Zauberspruch, um eine verlorene Sache wiederzufinden

O mise mause maas,
was ich zuvor besaß,
O malla mirra mooren,
das habe ich verloren.
O maxi murxi muchen,
da fing ich an zu suchen.
O melle mulle mall,
ich suche überall.
O muckte mickte meckt –
ein Kobold hat's versteckt!

O mure maure mer.
Ich sprach: „Gib's wieder her!"
O monne minne menn,
er fragt: „Was willst du denn?"
O mohme mahme miem,
da sagte ich zu ihm:
„O mise mause maas,
was ich zuvor besaß,
o mella mirra mooren,
das habe ich verloren – – – "

und so weiter, immer wieder von vorn, bis man die Sache gefunden hat.
Wenn man nur nicht vorher aufhört, dann hilft der Zauberspruch immer.

Bimba will nicht in die Schule gehen!

Bimba war gerade in die Schule gekommen. Denn alle Kinder müssen in die Schule gehen. Sie stand in einem Dorf am Lun-ka-po-Fluß und sah natürlich ganz anders aus als unsere Schulen.

Unter einem Palmenblatt saßen die farbigen Kinder und lernten rechnen. Vor jedem Kind lag ein Häuflein bunter Glasperlen. Je nachdem die Kinder nun rechneten, abzogen oder zusammenzählten, bildeten sich neue Glasperlen-Häuflein.

Bimba rechnete gerne. Aber es gab anderes, was sie weniger gern tat, zum Beispiel weben. Immer verwirrte sich das Garn, und wenn sie es färben sollte, wurde die Farbe nie gleichmäßig. Eines schönen

Tages hatte Bimba besonderes Pech. Sie mußte das ganze Stück, das sie gewebt hatte, wieder abschneiden. Da wurde sie ungeduldig, stand auf und lief einfach aus der Schule fort. „Jetzt habe ich es satt", dachte sie.

Sie rannte geradenwegs zu Jumbibumbo, dem berühmten Zauberer. Er saß vor seiner Hütte im Schatten und rauchte Pfeife. Seine Federkrone hatte er abgenommen. Sie lag neben ihm. Das Wunsch-Halsband aus Leopardenzähnen hing wie immer um seinen Hals.

Bimba setzte sich neben den Zauberer.

„Jumbibumbo", sagte sie, „ich bin soeben davongelaufen."

„So", antwortete Jumbibumbo, der ein weiser Mann war.

„In der Schule ist es wirklich nicht schön", fuhr Bimba fort. „Warum muß ich so viel lernen?"

„Das müssen alle", entgegnete Jumbibumbo und nahm die Pfeife aus dem Mund.

In diesem Augenblick lief ein junges Kaninchen vorbei. Bimbas Blicke folgten ihm. „Ich wollte, ich wäre so ein süßes, kleines Kaninchen", rief sie, „dann müßte ich nicht mehr in die Schule gehen."

Im selben Augenblick riß Jumbibumbo, ohne daß sie dies merkte, einen Leopardenzahn aus seinem Wunsch-Halsband und warf ihn über Bimbas linke Schulter. Und was geschah? Ohne daß Bimba es begriff, entschwanden Jumbibumbo und seine Hütte, und Bimba saß draußen vor dem Dorf im Gras. Um sie herum hüpften und hopsten elf Kaninchen, sie aber war das zwölfte.

„Jetzt kann es lustig werden", dachte sie. Aber kaum hatte sie das gedacht, erklang der dumpfe Ton einer Trommel.

Bum, bum, bummmmmm...

„Was ist denn los?" fragte Bimba.

„Weißt du denn nicht, was das bedeutet?" riefen alle elf Kaninchen wie aus einem Mund. „Tante Silberspitz ruft uns, die Schule beginnt." Alle stürzten davon.

„Die Schuuuuuule?" fragte Bimba. Vorsichtshalber aber folgte sie den andern.

Tante Silberspitz unterrichtete in einer großen Höhle. Sie stand am Eingang, zählte die ankommenden Kaninchen.

„Acht, neun, zehn, elf . . . zwölf. Bis jetzt hatte ich immer geglaubt, ihr seid nur elf. Kommt herein, liebe Kinder . . . Und nun wollen wir zuerst sehen, was der kleine zwölfte kann!"

In der Höhle standen Fallen, hingen Schlingen, außerdem waren eßbare und giftige Kräuter in großer Menge ausgestellt. Bimba war alles neu. Sie hatte nicht die geringste Ahnung, was ein Seitensprung sein sollte, noch wie man einen Verfolger in die Irre führen kann.

„Nun, mein Kleiner", begann Tante Silberspitz, „erzähl uns mal: wenn du an ein Kohlfeld kommst, auf dem große und kleine Köpfe wachsen, an welche machst du dich zuerst heran?"

„An die großen", erklärte Bimba.

„Falsch", schrien alle Kaninchen.

„Ja, das ist falsch", bestätigte Tante Silberspitz. „Man fängt nämlich mit den kleinen an, weil sich der Bauer nicht so um sie kümmert. Auf diese Weise kommen wir nach und nach an die großen."

„Die Stunde ist aus, die Stunde ist aus", riefen die Kaninchen nach einer Weile wie aus einem Munde. Und es stimmte auch; Tante Silberspitz beendete den Unterricht.

Die Kaninchen sprangen in einer langen Reihe davon. Bimba dachte gerade, wie hübsch es doch war, ein Kaninchen zu sein.

Aber als sie sah, daß ihre elf Kameraden wie mit einem Schlag verschwunden waren, wünschte sie sich doch wieder, Bimba zu sein. Und plötzlich war sie auch wieder Bimba. Sie saß neben Jumbibumbo im Schatten seiner Hütte. Alles war nur Zauberei gewesen. Aber Jumbibumbo war ja auch ein großer Zauberer.

Bimba wollte ihm gerade sagen, wie glücklich sie über ihre Rückkehr sei, als eine ihrer Freundinnen vorbeistolzierte. Sie trug einen neuen Rock, den sie in der Schule gewebt hatte. Er war großkariert, feuerrot und papageiengrün. Bimba und Jumbibumbo betrachteten ihn gedankenvoll.

„Wenn ich es mir so überlege", murmelte Jumbibumbo so vor sich hin, „brauchte ich eigentlich einen neuen Mantel."

„Wenn ich dir einen webe, versprichst du, ihn immer zu tragen?" fragte Bimba.

Jumbibumbo seufzte: „Es wird mir wohl nichts anderes übrigbleiben." Da sprang Bimba auf und lief auf schnellstem Wege zur Schule zurück.

Zerschneiden eines Seiles

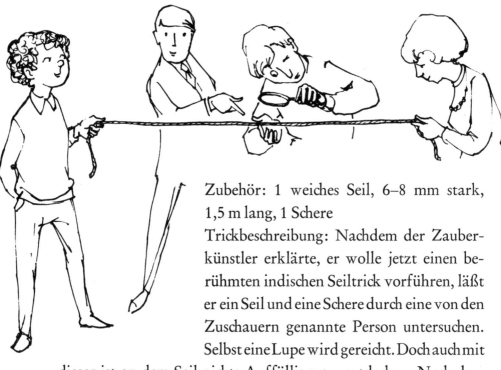

Zubehör: 1 weiches Seil, 6–8 mm stark, 1,5 m lang, 1 Schere

Trickbeschreibung: Nachdem der Zauberkünstler erklärte, er wolle jetzt einen berühmten indischen Seiltrick vorführen, läßt er ein Seil und eine Schere durch eine von den Zuschauern genannte Person untersuchen. Selbst eine Lupe wird gereicht. Doch auch mit dieser ist an dem Seil nichts Auffälliges zu entdecken. Nach dem Aufsagen einer kleinen magischen Formel legt der Zauberkünstler die Schnur doppelt zusammen. Das geschlossene Ende des Seils wird durch die Hand gezogen und vom Zuschauer durchgeschnitten. Einwandfrei sehen nun alle Zuschauer vier Seilenden. Die durchschnittenen Stellen werden jetzt vom Vorführenden verknotet. Zwei Zuschauer dürfen das Seil an den Enden strammziehen, wobei der Knoten verschwindet und das Seil wieder unversehrt ist.

Ausführung: Die Zuschauer haben Seil und Schere untersucht. Man nimmt nun das Seil und legt es in der linken Hand doppelt zusammen. Die beiden Enden sind zwischen Daumen und Zeigefinger eingeklemmt. Das Seil hängt in der Schlaufe nach unten (Abbildung A). Zur Ablenkung des Publikums zeigt man nochmals die rechte Hand leer vor. Dann wird die Schlaufe hochgenommen und ebenfalls zwischen Daumen und Zeigefinger gehalten. So sehen es jedenfalls die Zuschauer. In Wirklichkeit aber bildet man von dem einen Ende des Seiles eine Schlaufe durch Hochziehen und Festhalten zwischen Daumen und Zeigefinger. Die eine gebildete Schlaufe (Seilendstück) wird durchgeschnitten (Abbildung C). Praktisch ist von dem Seil ein Stück abgeschnitten worden. Zieht man jetzt von den hängenden Doppelschlaufen je ein Ende herab, so kann man vier Enden, also zwei Seilstücke sehen lassen. Die Täuschung des scheinbar in der Mitte durchgeschnittenen Seiles ist vollkommen. Man muß nur darauf achten, daß die Kreuzungs-

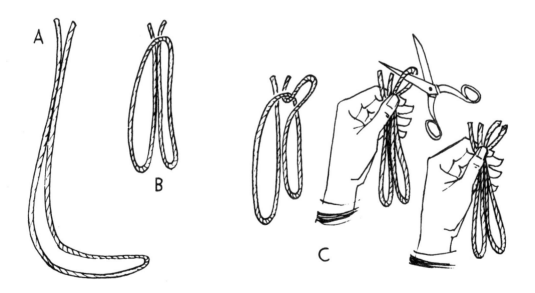

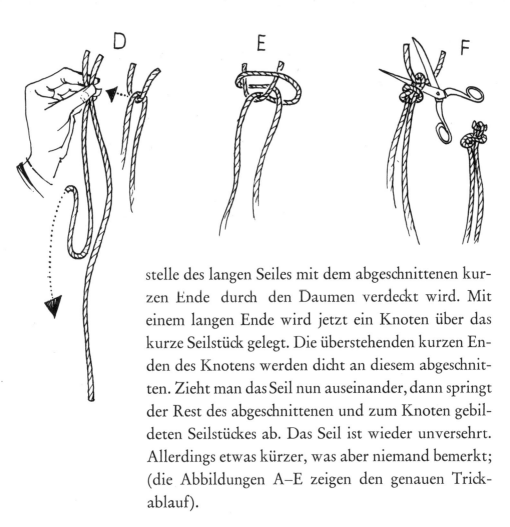

stelle des langen Seiles mit dem abgeschnittenen kurzen Ende durch den Daumen verdeckt wird. Mit einem langen Ende wird jetzt ein Knoten über das kurze Seilstück gelegt. Die überstehenden kurzen Enden des Knotens werden dicht an diesem abgeschnitten. Zieht man das Seil nun auseinander, dann springt der Rest des abgeschnittenen und zum Knoten gebildeten Seilstückes ab. Das Seil ist wieder unversehrt. Allerdings etwas kürzer, was aber niemand bemerkt; (die Abbildungen A–E zeigen den genauen Trickablauf).

Das rätselhafte 50-Pfennig-Stück

Ein CLOWN fand in der Reitbahn ein blankes
Fünfzigpfennigstück. Er ging damit zum
Pferdeknecht und sagte: „Ich bin dir ja
noch eine Mark schuldig; hier gebe ich dir
einstweilen fünfzig Pfennig zurück, dann
schulde ich dir noch fünfzig."

Der PFERDEKNECHT bedankte sich, ging zum
Stallmeister und sagte: „Ich bin dir ja
noch eine Mark schuldig; hier gebe ich
dir einstweilen fünfzig Pfennig zurück,
dann schulde ich dir noch fünfzig."

DER STALLMEISTER bedankte sich, ging zum
Schulreiter und sagte: „Ich bin Ihnen ja
noch eine Mark schuldig; hier gebe ich
Ihnen einstweilen fünfzig Pfennig zurück,
dann schulde ich Ihnen noch fünfzig."

Der SCHULREITER bedankte sich, ging zum
Direktor und sagte: „Ich bin Ihnen ja noch
eine Mark schuldig, Herr Direktor; wenn
Sie gestatten, gebe ich Ihnen einstweilen
fünfzig Pfennig zurück, dann schulde ich
Ihnen nur noch fünfzig."

Der DIREKTOR bedankte sich, nahm den
Clown beiseite und sagte: „Da, August, gebe ich
dir mal fünfzig Pfennig, die anderen fünfzig
bekommst du später."

Der CLOWN bedankte sich, gab die fünfzig
Pfennig dem Pferdeknecht und sagte: „Jetzt
sind wir quitt!" Der Pferdeknecht bezahlte
mit dem Fünfzigpfennigstück seine Restschuld
beim Stallmeister, dieser beim Schulreiter,
und dieser beim Direktor. Der Direktor
nahm den Clown beiseite und sagte: „Hier,
August, sind die restlichen fünfzig Pfennig,
die du noch zu bekommen hattest."

So bekam der CLOWN das Fünfzigpfennigstück zurück, und alle sechs waren ihre Schulden
los ...

Da sagte der CLOWN zu sich selbst: „August,
das ist noch mal gut gegangen. Aber jetzt
trägst du die fünfzig Pfennig sofort auf
die Sparkasse!" Und das tat er denn auch,
womit er bewies, daß er nur während der
Vorstellung der „Dumme August" war.

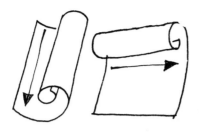

Verhextes Papier

Zubehör: 2 Bogen Papier (quadratisch), etwa 35 × 35 cm

Trickbeschreibung: Dies ist ein kleiner Trick, mit dem man so manchen Besserwisser unter den Zuschauern schnell zum Schweigen bringen kann. Ein Zuschauer erhält ein quadratisches Stück Papier mit der Bitte, einige Streifen glatt herunterzureißen. Es wird dem Zuschauer nicht gelingen. Dagegen ist der Vorführende sofort in der Lage, von demselben oder einem anderen Stück Papier gerade, gleichmäßig verlaufende Streifen abzureißen.

Ausführung: Das Geheimnis dieses Tricks liegt im Papier selbst. Es ist bei der Herstellung in der Papierfabrik aus Fasern zusammengeklebt worden. Wird mit der Faser gerissen, so bekommt man gleichmäßig glatte Streifen; reißt man jedoch quer zur Faser, bekommt man nur kurze, schrägverlaufende Abrisse. Es ist also nur darauf zu achten, daß man das Stück Papier dem Zuschauer so in die Hand gibt, daß die Faserrichtung quer verläuft. Am besten macht man sich dazu bei einem Versuch vor der Vorführung ein Zeichen auf das Papier.

In Hamburg lebten zwei Ameisen
- oder - Wir reisen in die Welt

Die 45-Liter-Reise

„Das Schönste am Urlaub ist die Vorfreude", behauptet Vati.
„Das Aufregendste sind die Vorbereitungen", sagt Mutti.

Ich selber hatte bisher nichts zu melden. Ich durfte nur in Vatis Wagen steigen und mitfahren. Trotzdem war es jedesmal herrlich ...

In diesem Jahr ist es anders. Ich bestimme! Obwohl ich erst zehn Jahre alt bin ...

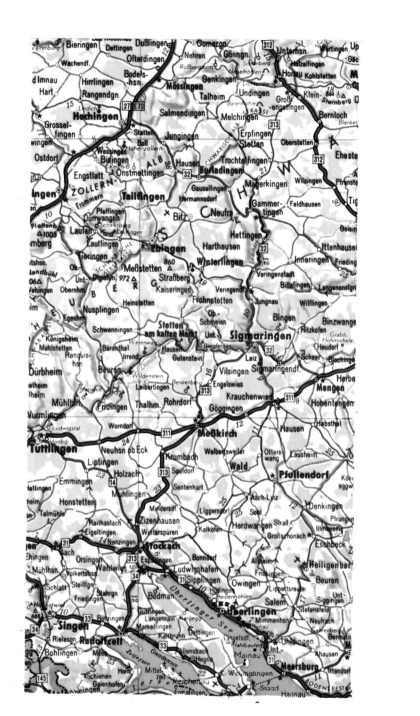

Vati klopfte mir auf die Schultern. „Du hast die Aufnahmeprüfung in die Oberschule bestanden, Herbert. Zur Belohnung darfst du die Reiseroute für unseren Sommerurlaub zusammenstellen."

„Ui!" rief ich, weil mir vor Überraschung nichts anderes einfiel.

„Natürlich wirst du auf unsere Wünsche Rücksicht nehmen", schränkte Mutti ein. „Ich möchte in den Süden und möglichst ans Wasser."

„Ich tanke den Wagen in Stuttgart voll", sagte Vati. „Es wäre schön, wenn wir damit auskämen. Wir wollen im Urlaub keine Kilometer fressen, sondern uns erholen."

Das war's, und nun durfte ich mir den Kopf zerbrechen. Vati drückte mir die Autokarte in die Hand und zwinkerte mir zu. „Viel Vergnügen, mein Junge!" ...

Es ist aufregend und schön zugleich. Und beginnt mit Rechnen.

Ich überlege: Der Tank unseres Wagens faßt 45 Liter Benzin; auf 100 Kilometer braucht Vati durchschnittlich 10 Liter. Ich möchte es nicht auf den letzten Tropfen Sprit ankommen lassen und plane etwa 400 Kilometer für die Hin- und Rückreise ein.

Also etwa 200 Kilometer nach Süden und dort ans Wasser.

Auf der Karte liegt Süden ‚unten'. Ein Blick genügt. Der große blaue Fleck ist nicht zu übersehen: der Bodensee, unser ‚Schwäbisches Meer'. Ob es mit den Kilometern ausgeht?

Die rote Linie, die von Stuttgart südwärts führt, ist die Bundesstraße 27; rot gezeichnet deshalb, weil sie vom Fernverkehr bevorzugt wird. Das lese ich in der Zeichenerklärung am rechten oberen Kartenrand. Als Bundesstraße weist sie die schwarze Nummer im umrandeten Kästchen aus. Die roten Ziffern geben die Länge der

Teilstrecken an. Anfangs- und Endpunkt einer Teilstrecke sind durch kleine schwarze Sternchen markiert.

Ich zähle zusammen: Stuttgart–Waldenbuch: 22 km; Waldenbuch–Tübingen 20 km; Tübingen–Hechingen: 21 km. Wenn wir einen Umweg vermeiden wollen, müssen wir kurz vor Hechingen die B 27 verlassen und nach links in die B 32 einbiegen. Als rote Linie läuft sie auf der Karte in südöstlicher Richtung auf Sigmaringen zu. Hechingen–Sigmaringen: 50 km.

Von hier aus geht es auf der B 313 weiter über Meßkirch nach Ludwigshafen, zusammen 45 km, dann führt die B 31 am Bodenseeufer entlang. Die letzten 23 km werden uns nach Meersburg bringen.

Um das Quartier in Meersburg kümmere ich mich nicht. Das bleibt Vatis Sache.

Die Kilometer hätte ich hingekriegt. Das Benzin muß reichen, wenn nichts dazwischenkommt.

Aber die Karte verrät mir noch mehr als Straßen, Orte und Entfernungen.

Von Echterdingen bis Hechingen läuft eine grüne Linie neben der roten her. ‚Landschaftlich besonders schöne Strecke‘, steht in der Zeichenerklärung. Ich werde während der Fahrt die Augen offenhalten.

Zwischen Gammertingen und Sigmaringen wird uns das Flüßchen Lauchert begleiten, und bei Sigmaringen werden wir die Donau überqueren.

Grün auch von Ludwigshafen bis Meersburg. Klar, nach rechts Blick auf den Bodensee. Mitten im Wasser liegt die Insel Mainau. Ein schwarzer Punkt mit einem Fähnchen darauf deutet das Inselschloß an. Von Meersburg aus können wir auf einer Fähre übers Wasser gondeln, wenn wir einen Abstecher nach Konstanz und auf die Mainau machen wollen. Eine punktierte schwarze Linie mit einem F markiert den ‚Weg über den See‘.

Eine Autokarte ist nicht nur etwas Nützliches, sondern auch etwas Schönes. Ich ‚erlebe‘ unseren Sommerurlaub schon jetzt, da ich mit dem Finger roten und grünen Linien folge.

Vati hat recht: Die Vorfreude ist herrlich!

Morgen werde ich mir eine Wanderkarte des Bodenseegebiets besorgen. Nicht nur, weil ich selbst gern umherstreune, sondern auch Vati und Mutti zuliebe. Sie sollen im Urlaub ein paar Pfunde ‚ablaufen‘. Dafür bekommen sie dann eine gesunde Gesichtsfarbe. Ich finde, das ist ein guter Tausch.

Die Ameisen

In Hamburg lebten zwei Ameisen,
die wollten nach Australien reisen.
Bei Altona auf der Chaussee,
da taten ihnen die Beine weh,
und da verzichteten sie weise
dann auf den letzten Teil der Reise.

Alphabet

Teilnehmerzahl: 2 Gruppen
Spielmaterial: Papier und Bleistift
Spielregel: Eine Gruppe beobachtet die linke, die andere die rechte Straßenseite. Alle Schilder, die während der Fahrt am Straßenrand auftauchen, werden beobachtet. Aus den Anfangsbuchstaben von Worten, die auf diesen Schildern stehen, muß das Alphabet in exakter Reihenfolge gebildet werden. Pro Schild nur ein Buchstabe! Sobald eine Gruppe den Buchstaben N erreicht hat, werden die Straßenseiten gewechselt. Die Gruppe, die zuerst beim Z ankommt, gewinnt.

Teilnehmerzahl: Beliebig

Spielregel: Es gilt, während der Fahrt 3 verschiedene Dinge, die vorher bestimmt werden müssen, zu entdecken: z. B. einen Kirchturm, eine Katze, einen Mann mit Bart. Wer eines dieser Dinge sieht, ruft sofort. Der Gewinner darf die nächsten drei zu suchenden Dinge bestimmen.

Abzählreim

Automobil,
fahr nicht so viel,
Benzin ist knapp,
und du bist ab!

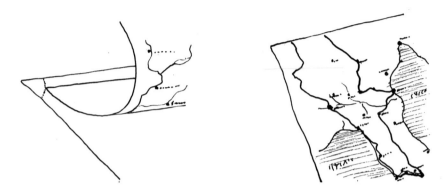

Knitterfeste Landkarten für Autofahrer

Straßenkarten werden oft benutzt und im engen Auto nicht sehr schonend behandelt, sie sind schnell eingerissen und verknittert – also unansehnlich. Deshalb freuen sich Autofahrer sicher über dieses dauerhafte Geschenk.

Eine große Straßenkarte wird ausgemessen und danach ein passend großes Stück selbstklebende Klarsichtfolie im Schreibwarengeschäft besorgt.

Die ringsum 1 cm größere Folie wird vom Schutzträger befreit und mit der Klebeseite nach oben auf den Tisch gelegt. Niemals die Folie auf die Karte aufbringen wollen, das gibt unweigerlich Falten! Die Karte wird dann von einer Seite aus langsam über die Folie gelegt. Dabei drückt die freie Hand – oder bei größeren Karten ein Helfer – die Karte gleichmäßig fest. Die Karte darf nur streifenweise aufgelegt werden, damit keine Falten und Blasen entstehen. Ist die Folie sauber und glatt aufgerieben, werden die Ecken stumpfwinklig ausgeschnitten und die überstehenden Kanten nach hinten umgelegt.

Und hier der Zusatznutzen: Die Folie kann mit Tusche, Fettstift oder wasserlöslicher Farbe beschriftet und mit Seifenwasser wieder abgewaschen werden. Eine geplante Ferienreise oder eine größere Tour wird also mit Fettstift vorgezeichnet und kann eiligen Autofahrern eine wertvolle Hilfe sein.

Ein runder Stein, der rollen wollte

Oben auf dem Berg lagen drei Steine.

Der erste Stein war lang und schmal.

Der zweite Stein war breit und kurz.

Der dritte Stein war kugelrund – ein Dickkopf.

Er bildete sich ein, etwas Besonderes zu sein.

„Bilde dir nur nicht zuviel ein!" sagte der lange-schmale Stein. „Der breite-kurze Stein und ich liegen gut, aber du könntest sehr leicht losrollen!"

„Das will ich ja gerade!" sagte der kugelrunde Dickkopf. „Hier oben bei euch gefällt es mir nicht."

„Aber nirgendwo auf der Welt ist es schöner", sagte der breite-kurze Stein. „Von nirgendwo hast du eine bessere Aussicht."

Und so war es wirklich: Vom Berg oben waren Dörfer zu sehen, Wege und Bäche, Straßen, ein Fluß, eine Stadt und sogar ein Hafen, weil unten am Fuß des Berges das Meer war.

Dem kugelrunden Stein war das nicht genug. Er wollte rollen.

Und weil er ein richtiger Dickkopf war, rollte er los.

Er rollte und schlug an andere Steine.

Das machte ihm nichts aus.

Er rollte weiter und schlug an Bäume.

Das machte ihm nichts aus.

Er kam an einen Bach und mußte springen.

Das machte ihm nichts aus.

Er kam an eine Hafenmauer und schlug dagegen.

Das alles machte ihm gar nichts aus.

Aber dann tat er einen Riesensatz, und es gab einen Riesen-Riesenplatsch! Weg war der Dickkopf, der runde Stein, verschluckt vom Meer.

13. Woche

Lügen, Lügen, nichts als Lügen

Lügenpeter

„Peterlein, schwindle nicht!" Aber Peter kann nicht anders. Faustdick sind seine Lügen. „Peter, warum kommst du so spät aus der Schule?" – „Oh", sagt er, „da war ein schwarzes Schwein, das mußte ich spazierenführen. Und dann wollte es ins Bett gebracht werden. Es mußte immerzu gähnen, so müde war es." Ja, das sagte Peter und lachte.

„Warum hast du dein Butterbrot nicht gegessen?" fragte die Mutter.

„Das kam so", plapperte Peter, „ich machte den Mund auf – wupps, flog eine gritzegrüne Schnecke hinein und machte sich's bequem."

„Pfui, Peterlein, eine Schnecke! Und kann die denn fliegen?"

„Natürlich, sie hatte sechs gritzegrüne Flügel umgeschnallt. Da ging's."

„Peter, und wovon hast du das Loch im Strumpf? Aber bitte, sag die Wahrheit!" Peter ist nicht verlegen. „Ich bin ausgerutscht, kam mit dem Bein ins Wasser, und dort hat mir ein Fisch das Loch in den Strumpf genagt. Fische mögen Wolle so gern."

Peterlein, Peterlein, was wird aus dir noch werden! Nichts half, keine Strafe und kein gutes Zureden. Bis eines Tages der Gockelmockel kam. Der Gockelmockel wohnt im Wald, hat einen langen, schwarzen Bart, dicke Filzpantoffel und kommt überall dort angeschlichen, wo die Kinder nicht von selber lieb und artig sind. Er weiß viele Späße und hat die Kinder gern! Also zum Peter kam der Gockelmockel. Heimlich natürlich und des Nachts. Der Lügenpeter schlief, und der Gockelmockel streute ihm aus einer silbernen Dose ein ganz klein wenig weißes Pulver auf seinen Mund.

„Peterlein, hast du deine Hände ordentlich gewaschen?" fragte die Mutter am anderen Morgen.

„Natürlich! Gleich zweimal, einmal naß und einmal trocken, damit sie recht, recht sauber sind!"

„Pudelwudel-Dummsbummsbrittipffff . . .", sagte Peter. Und das „pfff" dauerte sehr lange und tat an den Lippen arg weh. Was war das?

„Peterlein, hast du deine Schulaufgaben auch alle richtig gemacht?"

„Ja!" sagte Peter. „Pudelwudel-Dummsbummsbrittidittipfffff . . . !" Diesmal tat das „pfff" noch mehr weh. Die Lippen bubberten wie eine Lokomotive.

„Peterlein, sei artig auf dem Schulweg!" mahnte die Mutter und wunderte
sich. Was der Peter nur hatte? „Ja", murmelte Peter kleinlaut und machte, daß
er fortkam. Wartet nur, draußen wird's
besser! dachte er und brauchte gleich zehn
Minuten länger für den Schulweg. Natürlich kam er zu spät.

„Wo bleibst du so lange?" fragte der
Lehrer streng.

„Ich mußte in der Zwetschgengasse
dem Laternenputzer die Leiter halten.
Pudelwudel - Dummsbummsbrittiditti-
wattipfffffffffff...", antwortete Peter. Diesmal tat es wie ein Flugzeug. Und außerdem weh – nicht zum Sagen! Die ganze Klasse
lachte, und Peter bekam vom Lehrer etwas hinter die Ohren.

Peter begann nun doch nachzudenken. Er wollte es einmal mit
der Wahrheit versuchen. Warum auch lügen? Es mußte vielleicht
nicht unbedingt sein!

Als er nach Hause kam, fragte ihn die Mutter, ob er auch artig
gewesen sei. Und da erzählte er ihr von seinem Zuspätkommen
und daß sie ihn alle ausgelacht hätten. Es ging diesmal ganz ohne
„pfff". Es war eigentlich sehr angenehm.

Nach drei Tagen hat einer den Gockelmockel in seinen Wald
zurückschleichen sehen. Oh, der hätte schon noch schärfere Mittel
in seinem Sack gehabt! Aber der Gockelmockel ist froh gewesen,
daß er sie nicht mehr gebraucht hat. Denn, wie gesagt, er hat die
Kinder alle gern!

Kleiner Zirkus

Meine Tanten haben Enten
mit besonderen Talenten,
wirklich – was die alles können:
Balancieren, Flügelschlagen,
Flaschen auf dem Rücken tragen,
Fußballspielen, Brennholz spalten -
nur nicht ihre Schnäbel halten.
Ferner haben meine Tanten
einen jungen Elefanten,
aber der ist ungezogen;
denn er greift mit seinem Rüssel
einfach in die Suppenschüssel.
Ja, der muß noch viel trainieren –
beispielsweise: Tischmanieren.

Der Bastler

„Nun, Fritz, wie geht es dir, hast du das neue Einfamilienhaus
schon bezogen?" – „Ja", sagt Fritz, „wir sind doch schon ein halbes
Jahr glückliche Hausbesitzer! Und was ist mit dir, wann seid ihr
so weit?"

„Ach", seufzte Eberhard, „noch lange nicht, die Handwerker
lassen auf sich warten, und ich selbst kann mir nicht helfen. Bei dir
ist das ganz anders, ich wette, du hast dir den größten Teil selbst
gemacht, und es klappt alles."

„Ja, das habe ich", meint Fritz, „nur mit der Leitung muß etwas nicht stimmen!" – „Weshalb denn?" – „Das ist so: Läutet jemand am Gartentor, geht im Bad die Dusche los. Will meine Frau bügeln, wird das Bügeleisen nicht heiß, aber in der Kaffeemaschine kocht das Wasser. Benützt man den Staubsauger, spielt sofort das Radio. Drehe ich im Schlafzimmer das Licht aus, geht im Keller die Waschmaschine los. Wird in der Küche Licht gemacht, sieht man im Brotkasten das zweite Fernsehprogramm. Das sind so komplizierte Sachen!"

„Na, da kommst du schon noch dahinter, Fritz, wirst sehen! Und was bastelst du jetzt?"

„Basteln? Nein, das hab' ich ganz aufgegeben, seit mir das mit der Kuckucksuhr passiert ist!"

„Wieso, was war da?" fragt Eberhard.

„Ja, eines Tages ging das Ding nicht mehr. Ich schraubte alles auseinander, reinigte und ölte alle Teile und setzte die Uhr wieder zusammen. Ich sage dir, keine Schraube und kein Rädchen blieben übrig. Bewundernd stand meine Familie um mich herum. Weil uns immer so gefiel, wenn das Türchen aufging und der Kuckuck rief, stellte ich die Uhr gleich auf Zwölf. Gespannt warteten wir. Und schon ging das Türchen auf, unser geliebter Kuckuck kam heraus, schaute verlegen von einem zum andern und fragte plötzlich:

,Entschuldigung bitte, kann mir jemand sagen, wie spät es ist?'"

Lügenlied

Ich brau mir schnell ein Regenei,
gar krumm ist es geraten.
Im Regenei, da schwimmt ein Hai,
ich fang ihn mir zum Braten.

Den Himmel hab ich eingepackt,
der Mond liegt in der Reuse.
Es starben mir am Herzinfarkt
die letzten zwanzig Läuse.

Eine unglaubliche Geschichte

Es war einmal ein armer Handwerksbursch, der zog ohne einen
Pfennig Geld durch die Welt und hatte auch wenig Lust zu arbeiten. Da hörte er eines Tages, daß der König Freude an wunder-
lichen Geschichten habe und jedem, der ihm etwas ganz Unglaub-
liches erzählen könne, ein Säcklein Gold geben wolle. „Das käme
mir gerade recht", dachte der Bursch bei sich. Er machte sich sogleich auf den Weg zum Schloß und verlangte, vor den König
geführt zu werden.

Der König saß auf seinem Thron und gähnte gerade aus Leibeskräften. „Was hast du zu berichten?" fragte er den Burschen, und
fing gleich von neuem zu gähnen an, so daß alle andern mitzugäh-
nen begannen.

„Herr", sagte der, „ich habe vor kurzem auf einem Acker eine

Bohne in die Erde gesteckt, die wuchs in einer Nacht so hoch wie ein Kirchturm!"

„Kann wohl sein", erwiderte der König. „Was weiter?"

„Als ich am nächsten Morgen auf den Acker kam, war die Bohnenranke bis in die Wolken gewachsen!"

„Das glaube ich dir aufs Wort", sagte der König. „Was weiter?"

„Sie war stark wie ein Baum", fuhr der Bursche fort, „und stand kerzengerade in die Luft. Also bin ich daran in den Himmel hinaufgeklettert. Dort war alles aus purem Gold, und die Engel sangen so schön, daß mir heute noch die Ohren davon klingen."

„Jedes Kind weiß, wie's im Himmel aussieht", sagte der König und gähnte schon wieder. „Was weiter?"

„Ich habe viele alte Bekannte im Himmel getroffen. Ja, denkt euch, meine Eltern habe ich, prächtig angetan, in einer gläsernen Kutsche spazierenfahren sehen!"

„Was scheren mich deine Eltern?" rief der König. „Was weiter?"

„Hört nur", sagte der Bursche, „als ich weiterging, begegneten mir auch Eure Eltern, der alte Herr König und die Frau Königin, doch beide trugen nur graue Lumpen und trieben eine Schweineherde vor sich her."

„Du lügst!" schrie der König.

Der Bursche aber lachte. „Wenn ihr mir's nicht glauben wollt", sagte er, „so müßt ihr mir das Goldsäcklein geben!"

Ja, das mußte der König tun, ob er wollte oder nicht, und der Bursche wanderte vergnügt weiter und ließ von Zeit zu Zeit die goldenen Taler in seinem Hosensack klingeln. Und das war eine Musik, die gefiel ihm.

Diebe gibt es überall - oder -
Wer einmal stiehlt, dem traut man nicht

Auf einem Markt in Bengalen

Auf einem Markt in Bengalen
nahm ein Tiger sich Würstchen vom Stand,
die aß er, ohne zu zahlen.
Dann ging er fort über Land.
Ja, ist das ein Betragen?
Doch traute sich keiner was sagen.

Das Spiegelbild

Eines Morgens kam Rotfuchs zum Brunnen. Dort saß die alte Frau Lukora und klagte: „Noch gestern war mein Birnbaum voll Früchte. In der Nacht ist er geplündert worden. Den Dieb hab' ich wohl gesehen, aber nicht erkannt. Es war ein Junge. Was soll ich tun? Wenn ich das unserem Häuptling, deinem Vater, melde, wird er den Dieb sehr streng bestrafen. Das will ich nicht. Aber ich will auch meine Birnen wiederhaben!"

„Warte!" sagte Rotfuchs, „ich werde dafür sorgen, daß du sie bekommst!" Er stieß drei Käuzchenschreie aus, und sogleich kamen alle Jungen.

Rotfuchs fragte jeden, ob er die Tat begangen habe. „Nein!"

sagte Kleine Muschel. Springender Hirsch antwortete: „Das würde ich nie tun!" Und Rote Wolke rief: „Wie kannst du so was von mir denken?"

Freiwillig will sich der Dieb nicht melden, dachte Rotfuchs, also muß ich eine List gebrauchen, um ihn zu überführen. Er überlegte, und dabei fiel sein Blick in den Brunnen, auf die glatte Wasserfläche, die wie ein Spiegel glänzte. Rotfuchs sprang auf und rief: „Es ist dumm, wenn sich der Dieb nicht meldet. Denn einer hat ihn ganz genau gesehen! – Dieser Brunnen! Er hat mir grade zugeflüstert, er will mir zeigen, wer es war – wenn ich ihn darum bitte."

Da lachte Rote Wolke laut: „Unsinn! Ein Brunnen kann doch keine Antwort geben!" Und die anderen riefen: „Das glauben wir dir nie!"

Rotfuchs breitete wie ein Zauberer seine Arme über dem Brunnen aus und murmelte:

„Wasser, das den Durst uns stillt, zeige uns des Diebes Bild!" Dann sank er blitzartig in die Knie und starrte in das Brunnenloch: „Da unten sehe ich sein Bild!"

Einen Augenblick sahen sich die Jungen verwundert an. Doch plötzlich stürzte Rote Wolke vor und schrie: „Das ist nicht wahr! Du lügst!" Er beugte sich über den Brunnen und sah hinab.

„Nun?!" fragte Rotfuchs. „Siehst du da drin das Bild des Diebes?"

Rote Wolke erschrak, denn von der Wasserfläche leuchtete ihm sein Spiegelbild entgegen.

Da sah Rote Wolke ein, daß ihn sein schlechtes Gewissen verraten hatte. „Ja", sagte er zu Lukora, „ich habe es getan! Ich will

dir alle Birnen wiederbringen. Aber bitte, melde es nicht
unserem Häupling."

Lukora lachte: „Das werde ich nicht tun, weil du die
Birnen so gut für mich gepflückt hast. Aber außer diesem
Baum habe ich noch dreiundzwanzig andere Birnbäume,
und ich wäre dir dankbar, wenn du auch diese genauso
sorgfältig pflücken würdest. Komm, Söhnchen, tu das
gleich!" Da folgte Rote Wolke der alten Indianerfrau mit
hängendem Kopf, und die Jungen lachten.

Wie das Flughörnchen zu seinen Flügeln kam

Vor langer, langer Zeit, als das Land der Indianer noch nicht
von Menschen bewohnt war, lebten dort nur wilde Tiere, die von
einem weisen Häuptling regiert wurden.

Dieser Häuptling verbrachte die Nächte gemütlich in seinem
Baumnest, aber am Tage beobachtete er seine Untertanen.

Der Häuptling hatte natürlich eine gewisse Macht, welche die
anderen Tiere nicht besaßen. So konnte er sich zum Beispiel unsichtbar machen und dadurch eine Menge Dinge hören und sehen,
die die anderen Geschöpfe des Waldes lieber für sich behalten
hätten.

Eines schönen Tages ging nun der Häuptling am Hause des
jungen Eichhörnchens Grauer Schweif vorbei, das eine mühevolle
Arbeit hinter sich hatte. Es war sehr verzweifelt, denn trotz seiner
harten Arbeit verringerten sich seine Wintervorräte an mühsam
gesuchten Nüssen von Tag zu Tag. Ob da wohl seine Nachbarn,
das Fette Murmeltier und der Große Frosch ihre Hand im Spiel

hatten? Das Eichhörnchen beschloß, der Sache auf den Grund zu gehen. Der unsichtbare Häuptling hatte seine Gedanken erraten. Als am Abend der Große Frosch und das Fette Murmeltier bei dem Eichhörnchen zu Besuch erschienen, sagte Grauer Schweif so ganz zufällig zu ihnen: „Liebe Freunde, ich glaube, hier in unserer Gegend geht ein Dieb um, denn meine Wintervorräte an Hickorynüssen werden zusehends kleiner!"

Dabei sah Grauer Schweif den beiden scharf in die Augen, um festzustellen, wie sie darauf reagierten, denn damals waren die Tiere alle noch Nußfresser. Der Große Frosch blähte sich auf und quakte:

„Wer besitzt denn die Frechheit, dem Grauen Schweif die schönen Hickorynüsse zu stehlen? Der sollte sich wahrhaftig schämen!"

Und das Fette Murmeltier schnatterte schnell:

„Irrst du dich auch nicht, lieber Nachbar? Aber sollte ich mal jemand beim Stehlen deiner Nüsse erwischen, dann geht's ihm schlecht!"

Das kleine Eichhörnchen hörte sich das alles an und sagte nichts dazu. Aber es hatte so seine eigenen Gedanken.

Der Häuptling der Tiere, der auch dieser Unterhaltung unsichtbar beigewohnt hatte, beschloß, diesen Fall zu untersuchen.

Als er etwas später das Eichhörnchen aufsuchte, fand er es fest schlafend. Das Fette Murmeltier aber wühlte und grub zwischen den Steinen herum, die dicht neben der Wohnung des Eichhörnchens lagen.

In dem unterirdischen Lager, in dem Grauer Schweif seine Hikkorynüsse aufgespeichert hatte, füllte sich das Fette Murmeltier seine Backentaschen, lief eilends zu dem soeben gegrabenen Loch zurück und versteckte dort seine Beute. Dann bedeckte es die gestohlenen Nüsse mit Erde und rannte nach Hause.

Aber auch der Große Frosch war in dieser Nacht sehr beschäftigt.

Der Häuptling der Tiere stellte fest, daß er sich ebenfalls in der Vorratskammer des Eichhörnchens zu schaffen machte. Gierig stopfte er die Nüsse in seine geblähten Backen und brachte sie dann in sein Haus, wo er sie unter dem grünen Moosteppich versteckte.

Nachdem der Große Frosch genügend Beute verborgen hatte, stand es für den Häuptling der Tiere fest, daß er rasch eingreifen müsse, damit das arme Eichhörnchen nicht noch seine letzten Vorräte los würde.

Daher schickte er seinen Boten aus, um zu einer Ratsversammlung der Tiere einzuladen, es sollte untersucht werden, wo die

Vorräte des Eichhörnchens geblieben seien. Die Bewohner des Waldes kamen in hellen Scharen, so daß ein großes Gedränge um das Ratsfeuer des Häuptlings entstand.

Aber das Fette Murmeltier und der Große Frosch waren nicht erschienen. Sie ließen dem Häuptling mitteilen, daß sie sehr bedauerten, nicht kommen zu können.

Doch der Häuptling der Tiere rief streng: „Heute kann niemand entschuldigt werden! Bringt sie auf der Stelle hierher!"

Und das ganze Waldvolk schwärmte aus, um die beiden zu holen.

Aber das Fette Murmeltier schlüpfte unter einen Felsen, und der Große Frosch hüpfte kopfüber in den Sumpf.

Als das der Häuptling hörte, rief er wütend, daß er sich jetzt selber auf die Beine machen würde, um die beiden Missetäter zu holen.

Die beiden mußten nun wohl oder übel am Ratsfeuer erscheinen.

Dort erzählte der Häuptling nun allen, was er gesehen hatte. Und das ganze Waldvolk rief: „Wir müssen die Sache sofort untersuchen!"

Nun gingen alle Tiere zum Hause des Grauen Schweifs und sahen, wie wenig von dem großen Nußvorrat, den das Eichhörnchen aufgespeichert hatte, übriggeblieben war.

Im Hause des Großen Frosches sahen sie unter dem grünen Moosteppich die versteckten Nüsse. Und auch die Beute des Fetten Murmeltiers befand sich noch an Ort und Stelle. Da starrten alle Tiere das Fette Murmeltier und den Großen Frosch an. „Habt ihr etwas zu sagen?" fragte der Häuptling streng.

Die beiden Schuldigen aber blieben still und sahen sehr beschämt aus. Der Häuptling streckte seinen Arm aus und zeigte auf das Fette Murmeltier und sagte:

„Du mußt bestraft werden, weil du das Eichhörnchen bestohlen hast. Du bist fett und faul, schläfst den ganzen Winter über und brauchst kein Futter wie das Eichhörnchen. Und trotzdem hast du seine Nüsse gestohlen, die es sich so mühsam erwerben mußte. Daher sollst du und dein ganzes Geschlecht, Fettes Murmeltier, fortan nicht mehr Fleisch und Nüsse essen. Ihr werdet in Zukunft nur noch von Blättern und Kräutern leben!"

Dann rief der Häuptling den Großen Frosch vor sein Angesicht und sprach: „Du bist ebenfalls des Diebstahls überführt und sollst auch bestraft werden. Dick und träge wie das Fette Murmeltier, schläfst du ebenfalls den ganzen Winter über, so daß du kein Futter brauchst, um dich warm zu halten. Du bist ein schlechter Nachbar, Großer Frosch. Und damit ein für allemal unterbunden wird, daß du oder jemand von deinem Geschlecht wieder einmal Nüsse ißt, sollt ihr alle eure Zähne verlieren!"

Nun wandte sich der Häuptling freundlich an den Grauen Schweif und sagte: „In Zukunft wirst du deine Nüsse besser behüten. Wir alle bedauern diesen Vorfall und wünschen, daß du künftig deine Nüsse schneller sammeln kannst." Und er hob seine Pfote und machte damit eine rasche Bewegung.

Da wuchs plötzlich dem Eichhörnchen zu seiner großen Überraschung eine Zauberhaut zwischen Vorder- und Hinterbeinchen, die nun wie Flügel aussahen.

Seit jenem Tag konnte der Graue Schweif – und sein ganzes Geschlecht – weiter und schneller springen als bisher und durch

die Luft wandern, wenn die Bäume nicht allzuweit voneinander standen.

So wurde der Gerichtstag am Ratsfeuer des Häuptlings der Tiere im Indianerland zur Geburtsstunde der Flughörnchen.

Der Kern

Die Mutter kaufte Pflaumen und wollte sie den Kindern als Nachtisch geben. Sie legte die Pflaumen auf einen Teller. Wanja hatte noch nie Pflaumen gegessen und beschnupperte sie in einem fort. Sie gefielen ihm. Er hatte die größte Lust, sie gleich aufzuessen. Immer wieder ging er an den Pflaumen vorbei. Als gerade niemand in der Stube war, hielt er es nicht mehr aus, nahm eine Pflaume und aß sie.

Vor dem Mittagessen zählte die Mutter die Pflaumen und sah gleich: Da fehlt eine.

Sie sagte es dem Vater.

Beim Essen fragte der Vater: „Na, Kinder, hat da nicht eins von euch eine Pflaume gegessen?"

Alle sagten: „Nein." Wanja wurde rot wie ein Krebs und sagte auch: „Nein, ich nicht!"

Da sagte der Vater: „Es wäre ja kein Unglück, wenn jemand von euch eine Pflaume gegessen hätte. Schlimm wäre nur, wenn jemand nicht wüßte, wie man Pflaumen ißt, und er hätte den Kern mitverschluckt. So einer stirbt nämlich noch am gleichen Tag. Das fürchte ich."

Wanja wurde blaß und sagte: „Nein, nein, den Kern hab' ich aus dem Fenster geworfen."

Und alle mußten lachen.

Von Lebensrettern
und anderen tapferen Kindern

Die umgestürzte Tanne

Uli trat weit vornübergebeugt in die Pedale, um dem Regen eine möglichst geringe Angriffsfläche zu bieten. Er hatte es sehr eilig, denn schon begann es zu dämmern. Ein schweres Unwetter, das kurz vor Ende der Klavierstunde hereingebrochen war, hatte ihn in der Stadt aufgehalten. Nur ab und zu hob er kurz seinen Kopf, und so entdeckte er nach einer unübersichtlichen Rechtskurve erst in letzter Minute die umgestürzte Tanne. Sie lag quer über die Straße, vom Sturm entwurzelt.

Erschrocken stieg Uli vom Rad. Auf der Straße war kein Durchlaß. Blitzschnell schossen ihm die Gedanken durch den Kopf: „Wenn hier ein Auto nahte . . . ?" Aus der Gegenrichtung konnte die Tanne vielleicht rechtzeitig bemerkt werden, da die Straße dort ein längeres Stück geradeaus verlief. Aber von der Stadt her?

Kurz entschlossen stellte Uli sein Fahrrad an die Böschung und rannte die Straße zurück. Er war noch nicht weit gekommen, als ihm das erste Auto entgegenraste. Wie wild schwang er seine Notenmappe. Für eine Sekunde blendeten die Scheinwerfer auf. Uli geriet dadurch weit in die Fahrbahn. Im selben Augenblick erhielt sein ausgestreckter Arm einen Schlag. Seine Notenmappe wurde ihm aus der Faust gerissen, und er selbst zur Seite geschleudert.

Aufkreischend schlidderte das Auto im Zickzack weiter, bis es noch vor der Kurve glücklich zum Halten kam.

Unversehrt, aber vom Zorn aufgebracht, entstieg ihm ein dickleibiger Herr. Es war Herr Maier, in dessen Haus Uli und seine Mutter wohnten. „Verrückt . . . betrunken . . . ?!" schrie er atemlos, als er zu der Unfallstelle zurückeilte. Erst jetzt erkannte er Uli, der noch immer am Boden lag. „Bist du wahnsinnig geworden?" brüllte Herr Maier ungehalten. – „Eine Tanne . . .", stotterte Uli unter Schmerzen, „dort vorne ist eine Tanne umgestürzt." – „Wo, auf die Straße?" keuchte Herr Maier, und seine Stimme hatte plötzlich einen erschrockenen Klang. „Ja, hinter der Kurve", stöhnte Uli und hielt seinen blutenden Arm.

In diesem Augenblick bremste neben ihnen scharf ein weiterer Personenwagen. „Ist etwas passiert?" fragte eine besorgte Frauenstimme. „Ja, der Junge ist verletzt", erwiderte Herr Maier knapp. „Können sie ihn ins Krankenhaus fahren und die Polizei benachrichtigen? Da vorne ist eine Tanne auf die Straße gestürzt. Ich bleibe so lange hier, um weiteres Unglück zu verhindern."

Keine Stunde später lag Uli mit einem dicken Gipsverband im Krankenhaus in einem Bett. „Doppelte Unterarmfraktur!" hatte der Röntgenarzt bei der Untersuchung gesagt.

Plötzlich öffnete sich die Türe. Ulis Mutter trat ein, gefolgt von Herrn Maier. So bewegt hatte Uli ihn noch nie gesehen, als er ihm über die Haare strich und dabei sagte: „Junge, das werde ich dir nie vergessen."

Als Herr Maier und Ulis Mutter auf der Heimfahrt die Gefahrenstelle langsam passierten, waren Waldarbeiter eben dabei, die letzten Reste der umgestürzten Tanne zu beseitigen.

„Wegbleiben!" schrie Uli. Am anderen Morgen war von dem „unheimlichen Ding" nur noch eine Pfütze übrig

Uli stiefelte mit seiner jüngeren Schwester Ria gerade über die Wiese, als plötzlich ein schrilles Pfeifen in der Luft zu hören war. Erschrocken blickten die Kinder auf. Es war ein sonniger Tag. Weit und breit kein Flugzeug. Aber was war denn das nur, was da soeben silbern glänzend quer über den Himmel zog?

Kein Zweifel – dieses sonderbare Ding mußte das schrille Pfeifen verursachen. Noch ehe die Kinder weiter überlegen konnten, war das „Ding" auch schon hinter dem nächsten Gehöft mit einem Donnerschlag verschwunden.

Uli und Ria hatten sich unwillkürlich zu Boden geworfen. Das hatten sie den Soldaten abgeguckt, die öfter in der Nähe ihres Dorfes Übungen abhielten. Eine Weile lagen sie atemlos. Nichts rührte sich.

Vorsichtig hob Uli den Kopf. Das Gehöft stand noch. Kein Feuer, kein Rauch, nichts. „Vielleicht war's ein . . . ein Sputnik?" preßte Uli heraus. „Oder eine Sternschnuppe?"

„Sternschnuppen verglühen, ehe sie die Erde erreichen!" Uli erinnerte sich, daß das der Lehrer erzählt hatte.

„Oder . . . oder . . .", schluckte Ria, immer noch ganz weiß im Gesicht, „vielleicht war's ein Bote von einem anderen Stern?"

„Ach was!" brummte Uli. Aber insgeheim war ihm die Sache auch nicht ganz geheuer. Trotzdem rappelte er sich auf und lief todesmutig auf die Einschlagstelle zu. „Spring' ins Dorf", rief er seiner Schwester zu, „vielleicht brauchen wir Hilfe."

Ein Stück hinter dem Gehöft erspähte Uli ein mächtiges Loch mitten in der Wiese. Zögernd näherte er sich. Was lagen da nur überall um das Loch herum für weiße, glänzende Splitterchen im Gras? Uli hob eines der seltsamen Gebilde auf. Im selben Augenblick hatte er es auch schon wieder entsetzt weggeworfen. Das brannte ja wie Feuer! Nein wie „Weltraumkälte" schoß es Uli durch den Kopf, der das Wort einmal im Radio aufgeschnappt hatte.

Von allen Höfen kamen jetzt die Leute angerannt. „Wegbleiben"! schrie Uli und erzählte, was er soeben erlebt hatte.

Die Polizei sperrte das Gelände ab. Niemand durfte sich der Einschlagstelle nähern. Ulis Wort von der „Weltraumkälte" ging schaudernd von Mund zu Mund.

„Laß dir nur gleich vom Doktor die Hände untersuchen", riet eine alte Frau, „nicht daß sie dir absterben."

Uli wurde kreidebleich und wankte nach Hause.

Am anderen Tag kam eine Kommission aus der Stadt. Was sie feststellte, schlug wieder wie eine Bombe ein. Nur war es diesmal eine Lachbombe:

„Das unheimliche Ding", das eine solche Aufregung in das Dorf und den Uli um den Schlaf in der Nacht gebracht hatte, war, wie die Kommission anhand der an der Einschlagstelle übriggebliebenen Wasserpfütze einwandfrei feststellen konnte, ein Stück – Eis gewesen! Das Eis hatte sich wahrscheinlich in großer Höhe an einem Düsenflugzeug gebildet und dann gelöst.

Ein Feigling ist Joachim bestimmt nicht. Mit seinen sieben Jahren hat er schon einige Male gezeigt, welcher Mut in ihm steckt. Im Sommer springt der Zweitkläßler Joachim mit dem Schneid eines Drittkläßlers über den Mühlengraben, und im Winter fliegt er wie kein zweiter mit seinem Schlitten über die Schanze hinweg.

So ist Joachim auch mächtig stolz, als eines Abends sein Vater zu ihm sagt: „Du holst heute Milch, mein Sohn!"

Dann wird er aber nachdenklich und fragt erstaunt: „Allein, Papa?"

„Natürlich", bestätigt seine Mutter, „dazu bist du jetzt alt genug!"

Schwebend zwischen Stolz und Bangen sagt er: „Es ist heute besonders dunkel draußen!"

Vater lacht und meint, der Weg bis zu Schleichers Hof sei doch gut beleuchtet. Joachims Mutter sagt ihm, er solle den blauen Anorak anziehen, gibt ihm dann die Kanne und das Geld. Vater ruft Joachim noch nach: „Beeil' dich, Junge!"

So bricht er auf. Der Himmel über ihm ist gespannt wie ein großes schwarzes Tuch, an das ein Zauberer viele glitzernde Edelsteine geheftet hat. Es spielt ein Wind in den Bäumen und Sträuchern. Joachims Herz schlägt bis zum Halse. Der Milchholer versucht ein Lied zu pfeifen. Der Pfiff bleibt ihm im Halse stecken. In Kunzes Garten steht ein Mann, der beide Hände ausgebreitet hat, als tanze er auf einem Seil. Joachim schluckt seine Angst hinunter und beschleunigt seine Schritte. Da fällt ihm zu seiner Erleichterung ein, daß in Kunzes Garten noch eine Vogelscheuche steht. Die Erleichterung währt nicht lange, denn dort auf Schratmanns Hof, beim Misthaufen, steht wirklich jemand. – Joachim hält den Atem an. – Dort steht ein großer, einarmiger Mann. Vater hat gesagt, ich soll mich beeilen, erinnert sich der Junge und er beginnt zu laufen.

Jetzt kommt ein schweres Stück für ihn, denn der schmale Pfad bis zum Steg ist unbeleuchtet. Joachim strengt seine Augen an, er versucht, die zähe Nacht zu durchdringen.

Sie weicht dann auch ein wenig zurück, so daß er die Umrisse der Pappeln am Bachufer erkennen kann. Joachim pfeift so laut wie nie die Melodie von „Hänschen klein". Gerade als Hänschen nach Hause zurückkehren will, sieht Joachim auf dem Steg den roten Punkt aufglühen; leise Tritte, sie kommen näher, und der rote Punkt wird zu einer Zigarette in Herrn Köhlers Hand. Verwirrt stammelt Joachim ein „Grüß Gott", das Herr Köhler mit einem „Gute Nacht" beantwortet. Der Steg selbst wird dann im Sturmlauf überquert.

Joachim atmet auf, als er das Licht in den Stallfenstern von Schleichers Hof sieht. „Warum bist du so gelaufen, Joachim?" fragt Herr Schleicher. „Nur so", antwortet Joachim, und als er sieht, wie der Bauer zur Schöpfkelle greift, lenkt er ab: „Einen Liter, bitte!"

„Und jetzt zurück", denkt Joachim. – Rechts neben dem Steg steht ein Holunderbusch. Der Junge durchsticht mit seinen Augen die Nacht. Beim Holunderbusch spürt er, wie seine Kanne festgehalten wird. „Nein", schreit er, zieht die Kanne zurück und hastet weiter. Und der Holunderzweig federt zurück. – Da steht immer noch der einarmige Mann. Ein Auto kommt heran. Seine Scheinwerfer stechen wie zwei riesige Finger in die Nacht. Und der Mann gibt sich als Jauchepumpe zu erkennen. Da muß Joachim lachen.

Daheim wundert sich Joachims Vater über sein gerötetes Gesicht. „Hier ist die Milch", sagt er, „ich habe sie sicher durchgebracht!" Und nur Joachim weiß jetzt, wie lang und beschwerlich der Weg der Milch vom Stall bis auf den Frühstückstisch ist!

Tapferer Filippo!

„Wir ratsch'n – wir ratsch'n zur Feuerweih!" hallte es durch den Vorfrühlingsmorgen. Vier Buben, denen der Herr Pfarrer das heißumstrittene Amt des „Oster-Ratschens" übertragen hatte, stapften über die Dorfstraße.

„Was meint ihr dazu, wir lassen dem Lippl heut bei der Feuerweih kein einziges Holzscheit!" wandte sich Lois, der Älteste, an die drei anderen.

Die Feuerweih oder die Holzweih heißt in Österreich die Segnung des Feuers am Morgen des Karsamstags. Die Buben und Mädchen bringen zusammengebündelte Holzscheite, die vor der Kirche zu einem Stoß geschichtet und angezündet werden. Der Herr Pfarrer segnet dieses Feuer, an dem auch die Osterkerze entzündet wird. Nach der Weihe werden die Holzscheite von den Kindern nach Hause getragen; der Bauer steckt sie ins Dachgebälk, damit sie den Blitz abwehren, oder er vergräbt sie im Acker, um die Saaten vor Hagelschlag zu schützen.

„Du hast recht, Lois, der Lippl kriegt kein einziges Holzscheit, wir wollen ihn nicht, er soll hingehen, von wo er gekommen ist!" stimmen Hansl, Seppl und Andreas dem Freund zu.

Lippl heißt eigentlich „Filippo", denn er stammte aus einem italienischen Dorf. Im vergangenen Herbst war er hierher zu seinem Onkel gekommen, weil er Vater und Mutter verloren hatte. Sein fremdes Aussehen und seine verschlossene, ernste Art machten die Dorfkinder zunächst etwas scheu, aber schon nach kurzer Zeit begannen sie den fremden Jungen zu plagen. So wurde auch aus Filippos ihm vertraut und heimatlich klingendem Namen einfach ein „Lippl", was für ihn hart und unfreundlich klang.

Als die „Ratschenbuben" zum Kirchplatz zurückkehrten, war der voller Kinder, die sich um den Holzstoß scharten und aufgeregt miteinander flüsterten.

Sie verstummten, als der Pfarrer aus der Kirche trat, um das rotleuchtende, knisternde Feuer zu segnen. Zwei Ministranten folgten ihm mit Weihrauch, Weihbrunn und der Osterkerze. Da und dort übergoß der Mesner eine allzu stark emporlodernde Feuerstelle, und zischend erlosch die Flamme. Auch die feinen Tröpfchen des Weihwassers trafen das Feuer, doch nicht, um es zum Verlöschen zu bringen, sondern um des göttlichen Segens willen. Während dieser heiligen Zeremonie verhielten sich alle musterhaft, doch als der Pfarrer in die Kirche zurückkehrte und sich auch der Mesner umwandte, war es mit der Ehrfurcht vorbei.

Die Buben und Mädchen faßten rufend und schreiend nach den mit Draht umwickelten Bündeln. Filippo, der auch nach seinem Holzbündel greifen wollte, wurde plötzlich hart bedrängt, und er mußte sich vor solcher Übermacht wieder einmal stillschweigend und verbittert zurückziehen. Nun würden sie daheim sagen, daß er eben zu gar nichts Nutz sei und es nicht verstünde, sich Freunde zu schaffen. Als sich Filippo traurig abwenden wollte, bemerkte er plötzlich inmitten des Trubels Hansls kleinen Bruder, der, unbeachtet von den anderen, in dem noch einmal aufflackernden Feuer herumstocherte.

„Michel, du wirst . . . !" wollte Filippo voll Angst rufen, doch das Wort erstarb ihm auf den Lippen. Der weite Wetterkragen des Kleinen hatte in diesem Augenblick Feuer gefangen, und die Flammen züngelten und leckten an dem Kind empor. Ein Entsetzensschrei ging durch die kleine Schar, wie erstarrt standen die Buben, der Schreck lähmte sie völlig. Doch in diesem Augenblick sprang Filippo vor, packte den Kleinen, unbekümmert um die Flammen, die ihm die Hände verbrannten, und warf ihn zu Boden, um ihn auf dem sandigen Boden zu wälzen und die Flammen zu ersticken. Als der Mesner gelaufen kam, war Michel wohl vor Schreck ohnmächtig und zeigte auch leichtere Brandwunden, sonst aber schien er unversehrt.

„Das hast du gut gemacht, Lippl!" sagte der Mesner und nahm Michel auf den Arm, um ihn ins Pfarrhaus zu tragen. „Komm mit, du hast ja deine Hände verbrannt, die müssen verbunden werden!"

Filippo merkte erst jetzt, daß seine Hände ganz schwarz waren und weh taten. Er folgte dem Mesner. Wie war das doch gewesen? Er war auf den Kleinen zugesprungen, weil er brannte, und hatte ihn zu Boden geworfen. Der Vater hatte ihm das einmal für einen solchen Fall geraten.

Die anderen gingen schweigend mit hängenden Köpfen auseinander. Seppl, Lois und Andreas liefen die Dorfstraße entlang.

Hansl war heimgelaufen, um Vater und Mutter zu holen. In den Bubenköpfen sah es wirr aus, die Gedanken kugelten kunterbunt durcheinander. Der Michel hätte verbrennen können, doch der Lippl, ausgerechnet der Lippl, den sie kurz vorher noch so schlecht behandelt hatten, war sein Retter gewesen.

Beim Hochamt am Ostermorgen knieten die Dorfkinder vor der ersten Bankreihe, mitten unter ihnen Filippo; manch scheuer Blick traf seine verbundenen Hände.

„Magst du in mein Gebetbuch schauen?" fragte die Tochter des Bäckers leise.

Filippo horchte überrascht auf.

„Wir haben dir einen Osterstriezel mitgebracht!" flüsterte Lois und wurde ganz rot dabei.

„Du sollst nachher zu meinen Eltern kommen, sie wollen dir danken, Filippo!" bat nun Hansl leise.

‚Er hat Filippo zu mir gesagt!' durchfuhr es den Buben voll heißer Freude. ‚Er hat Filippo zu mir gesagt!'

Selig nickte der Bub. Umringt von den anderen Kindern zog er mit ihnen vor Hansls Elternhaus. Er war glücklich, daß er nun wieder Filippo hieß.

Der Vagabund Mack Natt
und andere komische Figuren

Abzählreim

In Holland hat's gebrannt,
da bin ich hingerannt,
da kam ein Polizist,
der schrieb mich auf die List'.
Wie heißt du, kleiner Knilch?
Ich heiße Tittipfannekuchen,
wohne in Korinthenstuten,
Brötchenstraße drei,
und du bist frei!

Der seltsame Tausch

Einst war ein finstrer Felsenturm
bewohnt von einem Drachenwurm,
der spuckte Feuer hint' und vorn
war voller Stacheln und voll Zorn.

Doch eines Tags kam zu Besuch
Professor Hicks mit einem Buch.
Er forschte vorn und forschte hint',
furchtlos wie solche Leute sind.

Er maß das Tier voll Wissensdrang:
Mit Schwanz war's dreißig Meter lang!

Das undankbare Scheusal fraß
den Forscher samt dem Metermaß.
Zur Reue sah es keinen Grund,
es war voll Boshcit, doch gesund.

Jedoch – das Buch war unverdaulich!
Dem Drachen wurde grimm und graulich,
drum spuckte er aus seinem Bauch
das Buch und den Gelehrten auch.
Der Forscher, ohne Abschiedswort,
nahm seine Brille und ging fort.

Doch schau! Das Buch ließ er zurücke,
sei's aus Zerstreutheit, sei's aus Tücke.

Der Drache fing zu lesen an.
Das hätt' er besser nicht getan!
Denn kaum hat er hineingeguckt,
da las er schwarz auf weiß gedruckt,
daß jeder Wurm, der Feuer spei,
ganz einwandfrei ein LINDWURM sei.

Der Drache schrie, vor Wut fast blind:
„Ich bin nicht lind! Ich – bin – nicht – LIND!!!"
Das Buch zerriß er kurz und klein,
er wollte halt kein LINDWURM sein.
Und zum Beweise seines Grimmes
tat er den ganzen Tag nur Schlimmes.

Was er auch tat, der Wurm blieb LIND.
Da weint' er schließlich wie ein Kind,
er ging von nun an nie mehr aus
und lag mit Kopfweh krank zu Haus.

Auf einer Wiese voller Pflanzen
übt' sich ein Kohlweißling im Tanzen.
Er war von zärtlichem Gemüte
und sehr galant zu jeder Blüte.
Doch auch mit den Kohlweißlingsmädchen
dreht er den Walzer wie auf Rädchen.

Er war empfindsam und bescheiden,
vor allem konnt' er Lärm nicht leiden.
Ihn machte das Verkehrsgetöse
der nahen Straßen richtig böse.
Drum sucht' er in des Waldes Gründen
die Ruhe, die er liebt, zu finden.

Kaum war er dort, kam eine Hummel
des Wegs daher mit viel Gebrummel.
Der Kohlweißling rief: „Unerhört!
Auch hier wird man durch Lärm gestört!"
Die Hummel brummte: „Dummes Ding!
Du heißt ja sogar SCHMETTERLING!"

Der Kohlweiß ward vor Schreck kohlweiß:
„Wie furchtbar, daß ich SCHMETTER heiß!"

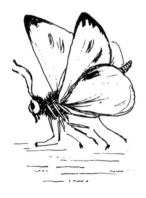

Von nun an tanzte er nicht mehr,
ging nur auf Zehen noch umher –
doch der Erfolg war sehr gering:
Er war und blieb ein SCHMETTERLING.
Verzweifelt rang er seine Beine,
zog sich zurück und haust' alleine
als Eremit in einer Wüste,
wo er für sein Geschmetter büßte.

Doch eines Tags kam eine Schlange
vorbei im Zick-Zack-Schlendergange,
die sprach: „Es ist direkt zum Lachen!
Ich kenne nämlich einen Drachen,
der grämt sich, weil er LINDWURM heißt.
Tjaja, so ist das Leben meist."
Drauf zwinkert sie mit List im Blick
und zog davon im Zack und Zick.

Der Schmetterling bedachte lange
die klugen Worte jener Schlange.
Er grübelt' vierzehn Tage fleißig,
dann rief er plötzlich: „Ha, jetzt weiß ich!"
Er packte etwas Proviant
und reiste lange über Land,
bis er, wenngleich auch höchst beklommen,
zu jenem Drachenturm gekommen.

Am Boden lagen bleiche Knochen –
der Wandersmann wagt' kaum zu pochen.

Doch schließlich trat er in den Turm.
Im Bett lag krank der Drachenwurm
und fing sofort zu jammern an.
Der Schmetterling jedoch begann:

„Ich hab' gehört, was Ihnen fehlt.
Wie wärs', wenn wir, was jeden quält,
ganz einfach tauschten miteinand'?
Ich werde SCHMETTERLING genannt."

Der Lindwurm, der verstand erst nicht,
doch bald verklärt' sich sein Gesicht,
und als er schließlich ganz verstand,
da schüttelt er dem Gast die Hand
(ganz überaus behutsam freilich!).

144

Er holt' Papier und Tinte eilig,
der Tausch ward schriftlich festgelegt.
„Gemacht!" rief jeder tiefbewegt,
und Arm in Arm verließ den Turm
Ein LINDLING und ein SCHMETTERWURM.

Das Umkippmännlein

He, aufgepaßt! Gleich wißt ihr was,
ich hab' zu Haus ein Milichglas,
und seh' ich einmal nur nicht hin,
schwupp – sitzt das Umkippmännlein drin.
Es wackelt, zappelt, springt und wippt,
plumps! ist mein Glas schon umgekippt.
Die Mutter sagt: „Pfui, schäme dich,
das Tischtuch ist ganz neu und frisch!"
Und Vater knurrt: „Du Bösewicht!"
Sie seh'n das Umkippmännlein nicht,
es schwingt den Hut und läuft davon,
hat's doch zu Hause Frau und Sohn.

Was hat Frau Pumpel eingekauft?

Sie geht gebückt. Sie keucht und schnauft.
Ein dicker, prall gefüllter Sack wippt auf dem Rücken, huckepack.
Den schleppt sie in ihr Giebelhaus und schüttelt ihn.
Was fällt heraus?
Sechs Kilometer Hühnerklein, zwei Schaufeln Muskatellerwein,
zehn Zentimeter Erdbeereis, ein Hektoliter Puddingreis,
drei Bogen Zucker, Pfeffer, Salz und Senf in Tüten ebenfalls
und siebzehn Tropfen Räucherlachs
und dreizehn Tafeln Bohnerwachs
und zwanzig Röllchen Kräutertee
und fünfzehn Stangen Malzkaffee.

146

Acht Literflaschen Sahnequark,
neunzehn Schachteln Tomatenmark,
verschiedene Scheiben Erdnußöl und hundert Tuben Weizenmehl,
vier Löffel Käse, frisch gezapft und sieben Ballen Apfelsaft
und Vollmilch, an die dreißig Pfund und Eier, etwa fünfzig Bund
und Blütenhonig, sechzehn Stück, zwölf Dosen eingekochtes Glück
und Zahncreme, vierundzwanzig Paar und acht Minuten Kaviar
und ganz am Ende, ganz am Schluß, drei Wochen Schokoladenguß.
Das Ganze hat sie wo verstaut? Fragt Fritzchen, der hat zugeschaut!

Der Vagabund Mack Natt

Wenn sich bei uns im Hause
was zugetragen hat,
und Mutter fragt: Wer war das bloß?
Dann rufen alle, klein und groß:
Der Vagabund Mack Natt!
Wenn jemand seine Füße
nicht abgetreten hat,
und überall sind Spuren da,
dann flüstern Claus und Claudia:
Der Vagabund Mack Natt!
Trat irgendwer im Garten
die ersten Veilchen platt,
dann ruft man laut: Wie fürchterlich!

Und Ruth meint: Das war sicherlich
der Vagabund Mack Natt!
Man hat ihn nie gesehen
in unsrer ganzen Stadt.
Er selber ist geheimnisvoll.
Jedoch die Spuren sieht man wohl
vom Vagabund Mack Natt.
Mal trägt er spitze Schuhe,
mal sind sie breit und platt.
Und was die Sache schwierig macht:
Er trägt die Größen fünf bis acht,
der Vagabund Mack Natt.
Er wohnt – das ist ganz sicher –
in unsrer kleinen Stadt.
Vielleicht sogar bei uns im Haus
wie Claudia und Ruth und Claus,
der Vagabund Mack Natt!

Ein Woll-Männchen

Knöpfe und Fäden sind wunderschönes Spielzeug! Frage die
Mutti, ob sie dir ein paar Knöpfe und Wollreste schenkt! Große
Knöpfe, kleine Knöpfe, rote, grüne, blaue und gelbe Knöpfe,
schwarze und weiße Knöpfe. Glatte Fäden und aufgeräufelte,
lange und kurze Fäden. Du kannst alles gebrauchen! Lege Bilder
daraus. Wie man das macht, siehst du auf dieser Seite.

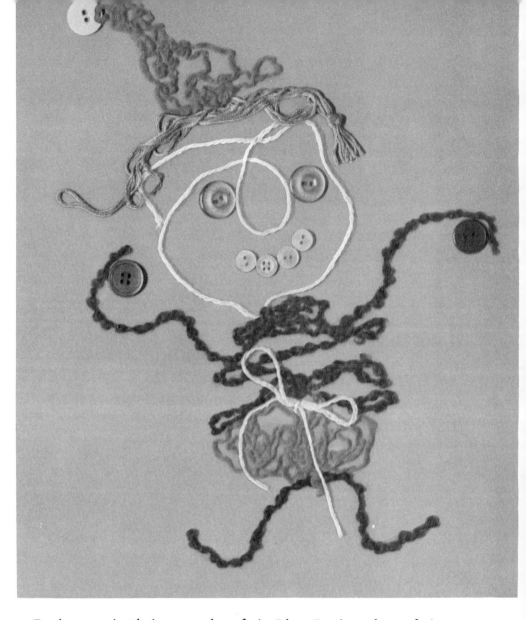

Du kannst sie übrigens auch auf ein Blatt Papier oder auf ein Stück Karton kleben. Dann lassen sich die lustigen Faden-Knopf-Bilder auch aufstellen oder an die Wand hängen.

Viel Spaß dabei!

Was eine Uhr alles kann
- oder - Wenn es Mittag in Karlsruhe ist...

Was eine Uhr alles kann

Peter, den die Freunde jetzt Igel nennen, seit ihm sein Vater einen Bürstenhaarschnitt verordnet hat, zeigt stolz die neue Armbanduhr. Sie ist wasserdicht, hat Leuchtziffern und einen Datumanzeiger und wird an einem Nylonband getragen. Er hat das wertvolle Stück von seiner Tante zum Geburtstag bekommen. Nun kann er sich die Zeit einteilen: den Schulweg, die Pausen, den Heimweg, die Hausaufgaben, die Zeit zum Fußballspielen. Nachdem er sein „Geburtstagsgeschenk" allen unter die Nase gehalten hat und die Uhr und er genügend bewundert wurden, trägt er auch seinen Bürstenhaarschnitt höher.

Das sticht Frieder, der ebenfalls eine Armbanduhr besitzt. Sie ist aber nicht so großartig wie die von Peter. Er überlegt, wie er Peter ein wenig ärgern könnte.

„Du, Igel, hör mal her. Deine neue Super-Uhr, was kann die denn alles?"

Peter streckt sie Frieder ahnungslos entgegen und sagt: „Sekunden, Minuten und Stunden anzeigen, das Datum sagen und bei Nacht leuchten!"

„Allerhand", nickt Frieder anerkennend, „aber meine Uhr kann noch ganz andere Dinge!"

Da werden Pit und Pummel hellhörig und treten näher.

150

„Stehenbleiben, gelt?" flachst Pummel und grinst. Die anderen lachen.

„Stehenbleiben können alle Uhren, auch Igel seine, aber meine kann wirklich noch etwas anderes."

„Verlorengehen", sagt nachdenklich Pit, und Peter schnallt nach dieser Bemerkung sogleich sein kostbares Stück am Armgelenk fester.

„Ich will euch nicht lange raten lassen und es euch beweisen. Meine Uhr ist an einem schönen Tag wie heute mein kleiner Kompaß."

Nun will jeder Frieders alte Uhr untersuchen. Von einem Kompaß kann man aber nichts entdecken, und sie wissen gut, daß zu einem Kompaß eine bewegliche Nadel gehört.

„Jetzt paßt gut auf", sagt Frieder. „Wir haben doch gelernt: Im Osten geht die Sonne auf, im Süden steigt sie hoch hinauf, im Westen will sie untergehn, im Norden ist sie nicht zu sehn." Frieder nimmt nun seine Uhr ab. „Da drüben steht die Sonne. Ich halte meine Uhr so, daß der kleine Zeiger auf die Sonne zeigt."

Dies überprüfen alle. Stimmt, der Stundenzeiger – es ist gerade acht Uhr – zeigt auf die Sonne. „In der Mitte zwischen der Acht und der Zwölf ist Süden", verkündet Frieder und weist mit der freien Hand in die Richtung.

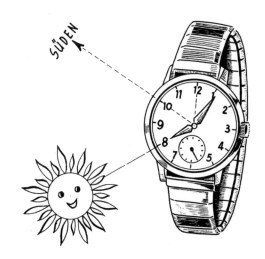

„Das könnte stimmen", meint Pit, „dort steht sie immer um die Mittagszeit."

„Wie ist es dann eine Stunde später?" will Pummel wissen.

„Ich halte den kleinen Zeiger, der auf der Neun steht, wieder der Sonne zu. In der Mitte zwischen der Neun und der Zwölf ist Süden."

„Und wie ist es dann um zwölf Uhr?"

„Klar", sagt Peter, der die Fassung wiedergewonnen hat, „der kleine Zeiger steht dann auf der Zwölf. Um zwölf Uhr steht die Sonne eben genau im Süden."

„Am Nachmittag geht's sicher nicht", gibt Pit zu bedenken.

„Auch nachmittags habe ich meinen kleinen Kompaß bei mir", erklärt Frieder. „Ich halte den kleinen Zeiger ebenfalls gegen die Sonne, teile aber zurück bis zur Zwölf in die Hälfte und finde so wieder die Südrichtung."

Nun hat sich Peter vollends erholt. „Frieder", fragt er, „warum soll das eigentlich nur deine Uhr können. Oder hat meine neue etwa keinen niedlichen kleinen Zeiger?"

Frieder lächelt verschmitzt und sagt: „Mein lieber Igel! Habe ich das behauptet? – Wenn du die Sache verstanden hast, kannst du es mit deiner Uhr natürlich auch machen. Aber du hast es vorher nicht gewußt, und deshalb hat es deine Uhr auch nicht gekonnt."

Da meldete sich Pit wieder und sagt: „Stimmt! – Aber eure Uhrenkompasse kann man nur von Sonnenaufgang bis Sonnenuntergang gebrauchen!"

Und Pummel ergänzt: „Und die Sonne muß zu sehen sein!"

Wenn es Mittag in Karlsruhe ist ...

„Mutti", fragt Klaus, als er abends im Bett liegt, „stimmt es, daß auf der anderen Seite der Erde jetzt heller Tag ist? Ach, da möchte ich jetzt sein! Dann könnte ich spielen und brauchte nicht zu schlafen." Mutter lacht: „Denkst du, die Kinder dort schlafen nie? Die gehen gerade zu Bett, wenn du aufstehst. Aber nun schlaf schön! Morgen zeige ich dir auf dem Globus, was die Kinder an den verschiedenen Orten der Erde alles tun, wenn es hier gerade zwölf Uhr mittags ist!" – „Hm", meint Klaus, „fein! Aber bis morgen ist es doch noch so lange hin! Kann ich den Globus nicht schnell jetzt noch . . ." Da ist er schon eingeschlafen.

Am nächsten Tag Punkt zwölf Uhr schleppt er den Globus zu Mutter in die Küche. „Schnell, Mutti", sagt er, „sonst ist es zwölf Uhr vorbei, und ich weiß nicht, was die Menschen woanders gerade um zwölf Uhr machen!" – „Na, dann ist es eben überall ein bißchen später", lacht die Mutter, „aber wir wollen anfangen: Während wir hier unser Mittagessen vorbereiten, gehen die Kinder in Rio de Janeiro gerade erst zur Schule. Rio de Janeiro liegt in Brasilien und Brasilien in Südamerika. Dort ist es jetzt acht Uhr früh. Hast du Rio de Janeiro gefunden?" – „Ja, Mutti, hier im Osten des großen Dreiecks Südamerika liegt es." – „Die Kinder gucken nach dem Zuckerhut – das ist ein hoher Berg vor den Toren der Stadt auf einer Halbinsel, der die Form eines Zuckerhutes hat. Vor der Stadt liegt ein großer, breiter Strand, aber dort ist jetzt fast niemand, denn alle Menschen arbeiten schon.

Und in New York, der größten Stadt Nordamerikas, ist es gar erst sechs Uhr früh. Die Kinder schlafen alle noch, aber viele

Erwachsene streben schon zu den U-Bahnen. Die Luft ist noch frisch und riecht noch nicht so nach Auspuffgasen wie abends. Die Morgensonne scheint auf die Spitzen der Wolkenkratzer von Manhattan und läßt ab und zu das Meer aufglitzern. Nun drehe mal den Globus etwas links herum, dann siehst du mitten im Großen Ozean oder Pazifik eine Inselgruppe liegen, das ist Hawaii. Dort ist es jetzt eine Stunde nach Mitternacht. Es ist angenehm kühl, der Wind weht den schweren Duft der unzähligen Blumen über das Land, die Palmen rascheln leise, und das Meer schlägt glucksend ans Ufer. Alle Kinder schlafen und träumen vom nächsten Sonnentag.

Nun machen wir einen Sprung nach Kairo. Das ist die Hauptstadt von Ägypten. Dreh nun den Globus rechts herum, bis du das Mittelmeer vor dir hast! An dessen südöstlichem Ende wirst du die Stadt finden. Es ist ein Uhr mittags. Die Menschen haben sich in die Häuser zurückgezogen, denn die Sonne scheint dort über Mittag so warm, daß niemand Lust hat, auf die Straßen zu gehen. Nur einige Kinder in langen weißen Hemden und einem Käppchen auf dem Kopf sitzen im Schatten und erzählen sich etwas. Die Verkäufer, die ihre Ware auf der Straße ausgebreitet haben, sitzen in den kühlen Toreinfahrten oder lehnen an den Mauern und machen ein Nickerchen. Um diese Zeit können sie nichts verkaufen. Die Luft flimmert über dem trüben Wasser des Nils. Aber in Indien – dreh mal den Globus noch ein bißchen weiter rechts herum! – liegt im Osten an der Küste Kalkutta. Das ist auch eine große Stadt. Dort ist es jetzt fünf Uhr nachmittags. Viele Leute trinken ihren Tee, aber es gibt auch sehr viel arme Menschen, die bettelnd und krank am Straßenrand sitzen. Mitten auf dem Gehweg liegen Kühe! Jeder geht ehrfurchtsvoll um die Tiere herum, denn sie werden für heilig gehalten. Auch wenn sie den ganzen Großstadtverkehr aufhalten, weil sie mitten auf einer Hauptstraße liegen, darf sie niemand vertreiben, das wäre Sünde. Autos, Ochsenkarren und viele, viele Menschen bevölkern die Stadt, die Hitze ist noch groß."

Klaus hört der Mutter aufmerksam zu. „Es ist schön, sich vorzustellen, was irgendwo auf der Welt gerade in dieser Minute geschieht", meint er nachdenklich.

„Ja", erzählt Mutter weiter und schlägt dabei die Quarkspeise schaumig, „und nun wollen wir nach Hongkong gucken. Das ist eine Insel vor der chinesischen Küste, also noch ein bißchen rechts herum mit dem Globus. Es ist jetzt sieben Uhr abends. Dort werden die Bewohner gerade Abendbrot essen. Sicherlich gibt es Reis, denn das ist die Hauptspeise, und vielleicht Fisch. Die Kinder dürfen noch lange aufbleiben, denn erst am Abend ist die Luft kühler und frisch, die Hitze hat sich etwas gelegt. Vor der Insel schaukeln in den Buchten unzählige Hausboote, denn für die vielen Menschen, die dort leben, gibt es nicht genug Wohnungen. Und so leben auf einem Boot große Familien mit vielen Kindern. Es laufen ein paar Kulis mit ihren Wägelchen durch die Stadt, und der Mond hängt schon dick und gelb wie ein Lampion über dem Meer."

„Toll, Mutti", überlegt Klaus, „ich möchte mal mit einer Rakete überall dorthin fliegen. Dann würde ich es so einrichten, daß ich überall gerade zum Mittagessen käme." Mutter lacht: „Das kann ich mir denken, du Freßsack! Und gerade so würdest du fliegen, daß du nie zu schlafen brauchtest!" – „Ja", ruft Klaus begeistert, „so würde ich's machen!" Lachend läuft er hinaus.

Die Weltzeituhr

Damit wir die Uhrzeiten in anderen Ländern und Erdteilen genau ablesen und ausrechnen können, wollen wir uns jetzt eine „Weltzeituhr" basteln. Diese Uhr unterscheidet sich von anderen dadurch, daß sie keine Zeiger hat und sich hier das ganze Zifferblatt drehen muß. Außerdem zeigt sie nicht nur bis „zwölf", sondern bis „vierundzwanzig" Uhr, da der Tag bekanntlich 24 Stunden hat.

Ihr paust zunächst das Zifferblatt aus, schneidet es aus und befestigt es auf einer größeren Pappe, auf die ihr vorher die Weltzeituhr abgezeichnet habt. Das Zifferblatt müßt ihr dann fest und doch drehbar auf dieser Rückwand befestigen. Als Achse benützt ihr eine der üblichen Verschlußklammern von Drucksachen oder etwas Draht. Ihr werdet schon erfinderisch genug sein!

Unsere Uhr ist richtig eingestellt, wenn die 12 genau nach oben zeigt, zu dem Pfeil, der „MEZ" angibt. Sofort können wir rundherum auf unserer Weltzeituhr ablesen, wie spät es in jedem Orte der Erde ist, wenn es bei uns 12 Uhr ist.

Stellen wir zum Beispiel die 10 auf „MEZ", so würde das bedeuten, daß es bei uns zehn Uhr ist, und wir können mühelos an

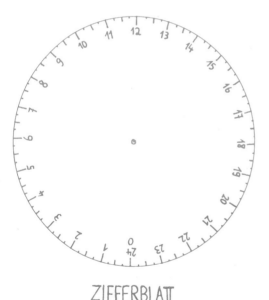

ZIFFERBLATT

unserer Uhr ablesen, wie spät es zu dieser Zeit in einem anderen
Lande ist. Umgekehrt können wir auch zum Beispiel Tokio auf 7
stellen, und dann ablesen, wie spät es in den anderen Ländern ist,
wenn die Uhr in Tokio 7 Uhr morgens anzeigt.

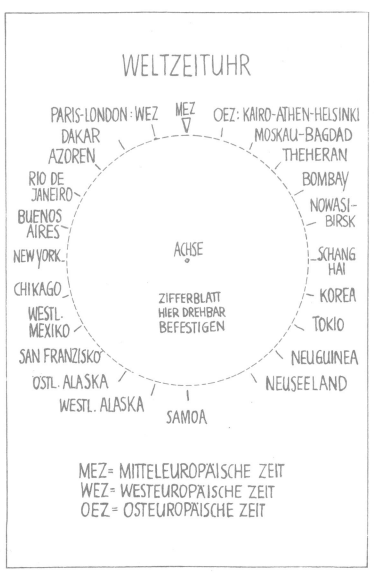

Ihr habt also jetzt eine richtige Weltzeituhr. Übrigens solltet ihr ruhig den Atlas oder einen Globus zu Hilfe nehmen, wenn ihr sie einstellt.

Die eigene Sonnenuhr zählt die heitern Stunden nur

Wer einen nach Süden gelegenen Balkon besitzt, wird mit dieser Bastelei seine besondere Freude haben.

Da die Sonnenuhr jahraus, jahrein der Witterung ausgesetzt ist, sollte die Grundplatte aus einer gut 1 cm starken Spanholzplatte bestehen und für die Malerei der Stundenziffern nur wetterbeständige Ölfarbe verwendet werden.

Auf die 40 cm breite und 30 cm lange Grundplatte werden zunächst mit dem Zirkel zwei 5 cm auseinanderstehende Halbkreise aufgetragen. Als „Schattenwerfer" wird ein 5 bis 10 mm starkes Vorhangstäbchen aus Blech verwendet. Dieses muß einige cm länger als der Halbmesser des äußeren Kreises sein. Das eine Ende des Stäbchens wird etwa 3 cm lang mit der Flachzange abgeknickt und das kurze Ende mit zwei Schräubchen im Zirkelpunkt der

Halbkreise befestigt. Das lange Ende steht im Winkel von 30 bis 35 Grad von der Platte ab und zeigt genau auf die Mitte der Halbkreise. Jetzt werden mit dem Winkelmesser von der Mitte ausgehend nach links und rechts je 15 Grad auseinanderstehende Punkte markiert. Dorthin werden dann die Stundenziffern geschrieben.

Damit die Sonnenuhr die genaue Ortszeit anzeigt, wird die Grundplatte am besten um 12 Uhr an den vorgesehenen Ort gebracht und dort so befestigt, daß der Schatten des Stäbchens genau auf 12 Uhr zeigt. Die Sonnenuhr wird zwar je nach Jahreszeit ein wenig vor- oder nachgehen. Doch hat sie einen besonderen Vorteil: siehe Überschrift!

Ein Pferd für den Kaiser
- oder - Von Detektiven und Abenteurern

Ein weißer Rabe

Als wir von der Reise heimkehrten, gab es einige Aufregung. Bei uns war eingebrochen worden! Obgleich das Türschloß und die Fensterläden unbeschädigt waren, fanden wir auf dem Tisch im Vorraum eine halbgeleerte Flasche und eine maschinengeschriebene Mitteilung. „Ihr Wermut läßt zu wünschen übrig", las ich vor. „Ich empfehle eine bessere Sorte! Ferner rate ich zu einem modernen Türschloß. Das gegenwärtige öffnete ich im Handum-

drehen mit steifem Draht, nachdem ich durch Ihren unbedachten Zettel am Briefkasten erfuhr, daß Sie mit Ihrer Familie bis Monatsende verreist sind."

„Eine Unverschämtheit!" entrüstete ich mich. „Außerdem sehe ich schwarz für meine Schreibmaschine!" Meine Frau und unser Sohn Wolfgang folgten mir benommen ins Arbeitszimmer. Jedoch, die Schreibmaschine stand auf ihrem Platz. „Gott sei Dank!" flüsterte meine Frau.

„Scheint kein ganz gemeiner Einbrecher gewesen zu sein", bemerkte Wolfgang leise.

„Na, na", erwiderte ich. „Schau erst mal im Wohnzimmer nach, ob der Radioapparat noch da ist! Und du", wandte ich mich an meine Frau, „du könntest inzwischen nach deinem Schmuck sehen."

Ich selbst öffnete das Geheimfach des Schreibtisches und erschrak. Obenauf lag ein weiterer Zettel des Einbrechers: „Ihr Schreibtisch war unverschlossen, und das Schiebetürchen zum Geheimfach stand offen. Ihre Briefe blieben unangetastet. Dagegen habe ich mich mit Ihrer Selbstladepistole befaßt, die geladen und ungesichert war. Ich habe die Kugel aus dem Lauf entfernt und wieder ins Magazin gesteckt und die Pistole gesichert. Wie ich sehe, ist Ihr Waffenschein abgelaufen. Er muß verlängert werden! Daß Sie auch Ihre Gedichte im Geheimfach aufbewahren, finde ich klug. Einige davon habe ich gelesen, und ich gewann den Eindruck, daß diese Verse am besten dort bleiben, wo sie sind: im Geheimfach." Ich wußte nicht mehr, was ich denken sollte, und verließ das Zimmer.

Meine Frau hatte unterdessen ihren Schmuck ausgebreitet und strahlte. „Gar nichts fehlt!" rief sie mir entgegen. „Dieser Einbrecher ist fabelhaft! Lies, was er geschrieben hat!"

Ich ergriff den neuen Zettel und las: „Das beste in der Schatulle sind entschieden die Topas-Ohrringe. Sie sollten diesen Schmuck nicht länger so unbesorgt verwahren! – Wissen Sie auch, daß Ihre alte Spieldose Museumswert hat? Ich habe sie wieder flottgemacht. Die Stiftwalze hatte sich verlagert."

Argwöhnisch zog ich die seit langem verstummte Spieldose auf, und tatsächlich, sie begann wieder die Melodie „Freut euch des Lebens" zu klimpern. Da hörten wir Wolfgang rufen und gingen zu ihm ins Wohnzimmer.

„Wo bleibt ihr denn?" fragte er ungeduldig. „Das Radio ist noch hier, aber guckt mal dorthin!" Er wies auf die Zimmerpalme, die einen aufgespießten Zettel trug. Meine Frau las vor: „Ihre Zimmerpalme drohte einzugehen. Sie hatte Läuse und hochständige Wurzeln. Die Läuse habe ich mit Seifenwasser entfernt, die Wurzeln mit schwerer Gartenerde bedeckt. Die Spitzen der Palmwedel sind von zuviel Sonne verbrannt. Die Pflanze

braucht Halbschatten und Luft und sollte regelmäßig gegossen werden! In Ihrem Bad jedoch sollten Sie besser mit Wasser sparen! Bevor ich den Hahn abdichtete, habe ich nachgemessen, daß dieser in einer Stunde 1 Liter Wasser vertropft. Das sind 24 Liter im Tag, 720 Liter im Monat und 8640 Liter im Jahr. Wie lange vergeuden Sie schon das Wasser?"

„Ein sonderbarer Einbrecher", sagte ich kopfschüttelnd. „Ein weißer Rabe!" – „Laßt uns weitersuchen!" sagte meine Frau. „Vielleicht kommen wir hinter das Geheimnis!" Wir bekamen Jagdfieber, als wir auf neue Spuren des Einbrechers stießen. Im Flurschrank, in dem unsere Werkzeuge wild durcheinandergelegen hatten, herrschte jetzt mustergültige Ordnung. Der mit einem Reißnagel angeheftete Zettel lautete: „Die Axt im Haus erspart den Zimmermann, aber nur dann, wenn sie ganz ist. Ich habe die Axt mit einem neuen Stiel versehen, die Spannsäge gefeilt und das Schnitzmesser geschliffen. Die Dinge waren in schauderhaftem Zustand! Leere Bierflaschen, ausgebrannte Glühbirnen und alte Sandalen gehören nicht in den Werkzeugschrank, am wenigsten aber eine Flasche mit Salzsäure! Die Salzsäure steht nun in der alten Truhe im Keller, und der Schlüssel zur Truhe hängt am Nagel über der Kellertür. Das Kellerlicht habe ich ausgeschaltet. Sie haben es nämlich brennen lassen!"

„Ein prima Stiel!" rief Wolfgang und schwang die neubestielte Axt wie einen Tomahawk über seinem Haupte.

Wir suchten weiter und beendeten den Rundgang in meinem Arbeitszimmer, wo wir unsern Einbrecher erst richtig schätzen lernten. Er hatte die Couch verschoben und einen Zettel mit folgenden Worten hinterlassen: „Ich habe im hiesigen Postamt meine

Brieftasche mit Paß und Reisegeld liegengelassen. Der Finder hat sie nicht abgegeben, sondern gestohlen. Völlig mittellos, habe ich mich notgedrungen bei Ihnen einquartiert und auf Ihrem Apparat ein Ferngespräch geführt, um wieder zu Geld zu kommen. Im übrigen schlief ich auf Ihrer Couch ziemlich unruhig wegen der schmiedeeisernen Laterne, die genau über dem Kopfpolster hing. Ich stellte fest, daß der Deckenhaken viel zu schwach ist für eine Laterne von etwa 10 Kilo Gewicht. Das Holz, worin die Schraube des Hakens sitzt, ist morsch! Schließlich noch ein Kompliment an die Hausfrau: das Apfelgelee, die Senfgurken und die eingeweckten Birnen sind hervorragend! Je ein Glas habe ich geleert. Die leeren Gläser stehen ausgespült in der Speisekammer. Als Gegenleistung für Unterkunft, Teilverpflegung und ein Ferngespräch habe ich Ihnen mit verschiedenen Hausarbeiten und Ratschlägen gedient. Damit verabschiedet sich von Ihnen: Der große Unbekannte."

Unser Wolfgang riß das Fenster auf und rief, außer sich vor Begeisterung: „Vielen Dank, großer Unbekannter!"

Ein Pferd für den Kaiser

Es sind auf den Tag genau zweihundert Jahre her, da kam weit von hier – mitten in den Grassteppen der Mongolei – ein kleines Pferdchen zur Welt. Timur, der Mongolenjunge, hatte schon lange auf diesen Tag gewartet, denn das Fohlen sollte ihm gehören.

„Du bist jetzt alt genug, um selbst für ein Pferd zu sorgen", hatte der Vater gesagt und Timur damit seinen größten Wunsch

erfüllt. So schloß der Junge das winzige Fohlen beglückt in seine Arme, als es nun endlich auf unsicheren Beinen vor ihm stand. Und er nahm sich vor, das Tier mit besonderer Liebe und Sorgfalt zu pflegen, damit es recht bald kräftig genug sein würde, um ihn auf seinem Rücken zu tragen.

Die Monate vergingen, und das hilflose Fohlen wuchs zu einem großen, starken Hengst heran. Doch immer besorgter folgten ihm die Blicke von Timurs Vater. Und eines Tages konnte kein Zweifel mehr bestehen – das Fell des Pferdes wurde weiß. In der Mongolei aber galt zu jener Zeit das Gesetz, daß jedes weiße Tier dem Kaiser von China gehört, der das Land beherrschte. So wußte Timur, daß er sein Pferd nicht mehr lange behalten durfte. Er schloß es darum nur noch mehr ins Herz.

Eines Tages aber sagte der Vater: „Dein Hengst ist nun groß genug, um die Reise nach Peking überstehen zu können. Ich darf nicht mehr länger zögern, es dem Kaiser zu bringen, wenn ich nicht hart bestraft werden will."

„Laß mich selbst reiten, Vater", bat Timur, „damit ich wenigstens sehen kann, was dort mit ihm geschieht." Dem Vater war es recht; er war froh, bei seinen Herden bleiben zu können.

Am nächsten Morgen vor Sonnenaufgang legte Timur seinem Pferd den Sattel über und ritt davon. Doch er folgte nicht dem Karawanenpfad nach China, sondern führte sein Pferd mitten in die weglose Steppe und verbarg sich dort mit ihm. Und die beiden gewöhnten sich immer mehr aneinander und wurden von Tag zu Tag unzertrennlichere Freunde.

Der kurze Sommer ging rasch vorüber, und als eisige Schneestürme über das Land fegten, gab es weit und breit kein Futter mehr für das Tier. Timur sah keinen anderen Ausweg, als doch nach China zu reiten, wenn sie nicht verhungern oder erfrieren wollten. Und nach einem langen, beschwerlichen Ritt erreichten

sie eines Tages die große Stadt Peking, in der der Palast des Kaisers lag.

Als Timur ans Tor klopfte und die Wachen den weißen Hengst erblickten, führten sie ihn gleich zu den Ställen des Kaisers. Der Stallmeister, der sich einen Orden erhoffte, eilte persönlich herbei, um das schöne Tier zu betrachten. Timur warf sich vor ihm zu Boden und rief: „Großmächtiger Herr, vergib deinem untertänigen Diener eine Bitte. Laß mich bei meinem Pferd bleiben! Weise mir die schwerste Arbeit in den Ställen zu. Ich verlange keinen Lohn dafür."

Doch der Stallmeister befahl ihm nur kurz aufzustehen und sagte: „In den Ställen des Kaisers arbeiten nur Chinesen. Du aber, Mongole, geh zurück in deine Steppe, wo du hingehörst."

Da streichelte Timur seinen Hengst ein letztes Mal und machte sich traurig auf den Weg in seine Heimat. Weil er aber den schweren Sattel nun selbst auf dem Rücken tragen mußte, kam er nur langsam voran. Plötzlich hörte er hinter sich ein leises Schnauben. Rasch drehte er sich um und erkannte seinen Hengst, der freudig wiehernd herbeitrabte und den Kopf an seiner Schulter rieb.

Glückstrahlend legte ihm Timur den Sattel über und stieg auf in dem Glauben, man hätte seinem Pferd im Palast die Freiheit zurückgegeben. Doch war erst kurze Zeit vergangen, da tauchte hinter ihm eine Gruppe berittener Soldaten des Kaisers auf. Säbelrasselnd umringten sie Timur und riefen: „Bleib stehen, Pferdedieb! Weißt du nicht, was den erwartet, der ein Tier aus den Ställen des Kaisers stiehlt?" Ohne auf seine Unschuldsbeteuerungen zu achten, brachten sie Timur zurück nach Peking und warfen ihn in den Kerker.

Schon am nächsten Tag fand der Prozeß gegen ihn statt. Und weil Timur beschuldigt wurde, Eigentum des Kaisers gestohlen zu haben, wohnte dieser selbst der Verhandlung bei. Timur mochte seine Unschuld beteuern, so viel er wollte, niemand vermochte zu glauben, daß ein Pferd ohne Hilfe über die mächtige Mauer entweichen konnte, die die Stallungen umgab. Da warf sich Timur in höchster Not dem Kaiser zu Füßen und flehte um Gnade.

„Gut", sagte der Herrscher, „ich will die Probe machen. Wir lassen dich frei und werden die Mauer stark bewachen. Wenn es deinem Pferd ein zweites Mal gelingt, dir zu folgen, will ich dir glauben. Gelingt es ihm nicht, mußt du sterben!" So machte sich Timur noch einmal auf den Weg in seine Heimat. Das Pferd aber setzte mit einem gewaltigen Sprung über die dicke, stark befestigte Mauer und folgte seinem Herrn.

Als dies der Kaiser erfuhr, war er über die Treue des Tieres so gerührt, daß er ihm die Freiheit schenkte. Timur kehrte glücklich mit ihm in die Steppe zurück – und die beiden blieben die besten Freunde ihr Leben lang.

Der Kassiber

Der Häftling Hugo Wimmerl gab sich besonders lustig und leutselig, als er den Wagen mit der schmutzigen Wäsche vor sich herschob. Und gerade das machte Wachtmeister Hauff stutzig. Aus den Augenwinkeln heraus verfolgte er jede Bewegung des Häftlings. Und es entging ihm nicht, wie sich Wimmerl zweimal ganz dicht an dem Fahrer des Wäschereiautos vorbeischob.

25 Minuten später stand Wachtmeister Hauff vor Gefängnisdirektor Dr. Hutter. „Ich habe einen Kassiber entdeckt, Herr Direktor. Nummer 192, Hugo Wimmerl, wollte ihn mit dem Wäscheauto hinausschmuggeln. Ich habe mir den Fahrer vorgeknöpft. Angeblich sollte er den Zettel zu Wimmerls Bruder schaffen."

„Haben Sie auch schon mit dem Häftling gesprochen?"

Wachtmeister Hauff schüttelte den Kopf und deutete auf den Zettel: „Ich wollte erst mit Ihnen sprechen, Herr Direktor, wegen der Geheimschrift. Vielleicht sollten wir einen Experten hinzuziehen."

Dr. Hutter lächelte: „Aber lieber Hauff, lassen Sie sich doch nicht ins Bockshorn jagen. Der gute Wimmerl will seinem Bruder nur mitteilen, wann er aus dem Gefängnis auszubrechen gedenkt. Tja, diese Suppe werden wir ihm leider versalzen müssen."

Dr. Hutter reichte seinem Beamten den Zettel zurück. Und zum drittenmal las der Wachtmeister den Brief:

„Den Tag der Woche ich stunden dem Tag Gefängnis verlassen das neuen vor zwei werde kommenden in dritten."

Plötzlich ging ein Leuchten über Hauffs Züge. „Ich hab's, Herr Direktor. Tatsächlich stehen Tag und Stunde genau fest. Das ist ja ein Ding."

Und so geschah es, daß Hugo Wimmerls Ausreißversuch in den weitgeöffneten Armen von Wachtmeister Hauff endete.

Und nun, liebe Detektive, strengt euch an. Was dem Direktor und seinem Beamten gelungen ist, sollte euch eigentlich auch gelingen. Die Aufgabe: An welchem Wochentag und zu welcher Stunde wollte Wimmerl ausbrechen?

Unsinn, nichts als Unsinn
- oder - So was gibt's doch gar nicht

Der Galgenvogel Zipperding

In Schilda war gestohlen worden, meistens in der Nacht und dann auch noch oftmals hintereinander. Beim Schuhmacher das Leder, beim Bäcker das Geld, beim Goldschmied zehn kostbare Ringe.

Endlich faßte man den Dieb, der Jan Zipperding hieß und ein arger Ludrian war. Keine Reue zeigte der Kerl, als er vor dem Richter stand, und er zuckte auch mit keiner Wimper, da man ihn zum Halsstrick verurteilte.

Nun befand sich in Schilda leider kein Galgen, auch nicht vor den Toren, was also sollte man tun?

Da hob ein Schöffe den Finger und sprach: „Ich wüßte Rat, ihr lieben Herren: Wir schicken den Burschen zu Fuß nach Paris, dort steht ein Galgen, ich weiß es!"

Das war ein brauchbarer Einfall, so daß der Richter aufstand und das Barett von der Perücke nahm: „Jan Zipperding, mach dich sofort auf die Wanderschaft und laß dich hängen in Paris!"

Hier lehnten sich aber die Bürger, die im Gerichtssaal saßen, erheblich auf: „Sind wir denn närrisch? Wenn uns der Vogel nun durch die Lappen geht – ?"

Aber die Schöffen und der Richter wußten abermals Rat: Man befahl dem Spitzbuben, unverzüglich einen Brief nach Schilda zu schreiben, sobald das Urteil in der Fremde vollstreckt worden sei.

So geschah es denn auch. Nach einigen Wochen kam ein Schreiben mit der Post: Bin soeben gehängt worden. Mit bestem Gruß, Jan Zipperding.

Da freuten sich die Bürger von Schilda, des Spitzbuben endlich ledig zu sein.

Tapp tapp, pff, pff!

Ein Schiff lag im Hafen, ein altes Schiff mit halbmorschen Planken. Es hatte zweiundzwanzig schwere Stürme erlebt – die Anzahl der leichteren wußte nicht einmal der Kapitän – und war im letzten Winter in der Biskaya fast zu den Fischen hinuntergestoßen. Aber auch damals hatte die Kaltblütigkeit von Hein Meck, dem Kapitän, das Schlimmste verhütet. Um so verwunderlicher war es, daß Kapitän Meck an diesem Abend vor der neuen Ausfahrt verstört aus seiner Kajüte gelaufen kam und den langen Larsen, den Steuermann, zu sich winkte.

„Larsen", sagte er halblaut, und seine Stimme klang belegt, als habe er Meerwasser getrunken. „Larsen, bei mir stimmt nicht mehr alles!"

Als er das anzügliche Grinsen auf dem Gesicht des anderen

wahrnahm, fügte er schnell hinzu: „Ich meine, bei mir in der Kajüte! Da stimmt nicht mehr alles! Und zum Donnerwetter, getrunken habe ich heute noch kein einziges Glas!"

So ging also der lange Larsen, dessen Unerschrockenheit in den Hafenkneipen nicht weniger gerühmt wurde als die Kaltblütigkeit von Hein Meck, mit seinem Kapitän in dessen Kajüte.

Es war das ein enger Raum, in dem außer einer Koje und einem eingebauten Schrank nur ein Spiegel und ein Bücherbrett so etwas wie Luxus vortäuschten.

Die beiden Männer verhielten sich still. Leise hörte man draußen die Wellen gegen die Schiffsplanken schlagen, und auch vom Maschinenraum her drang hin und wieder ein gedämpftes Geräusch, denn der Heizer war schon seit Stunden bemüht, die Kessel gut über Feuer zu halten. Bisweilen knackte es auch einmal in den Rohren, die an der schmalen Seitenwand auch durch die Kapitänskajüte liefen. Sonst aber – sonst war alles still und friedlich wie je.

Da fingerte Kapitän Meck, ohne sich umzuwenden, nach dem Lichtschalter an der Tür. Klick, machte es, und die beiden Männer standen im Finstern. Die Dunkelheit schien die Geräusche von vorhin noch zu verstärken, aber sonst blieb alles – nein, plötzlich kam da ein neues Geräusch hinzu! Tapp, tapp, machte es irgendwo in dem engen Raum und gleich darauf pff, pff. Und wieder tapp, tapp und pff, pff.

Auch wenn ihm Hein Meck den Ellbogen nicht so verrückt in die Hüfte gebohrt hätte, würde der lange Larsen sofort gewußt haben, daß die Verwirrung seines Kapitäns eben mit diesem Geräusch zusammenhing.

Tapp, tapp – pff, pff. Und wieder: Tapp, tapp – pff, pff.

Larsen drehte sich um. Der Lichtschalter knackte. Der Raum, der nun wieder in mattem Lichtschein lag, sah nicht anders aus als zuvor. Das seltsame Tappen und Blasen war jedoch verstummt.

Larsen machte nicht gerade ein geistreiches Gesicht, als er sich jetzt achselzuckend zu seinem Kapitän umwendete.

Der nickte vielsagend und schaltete das Licht wieder aus. Sein Steuermann hatte nicht einmal Zeit, mit dem Finger in die Ohrmuschel zu fahren, da waren die unheimlichen Geräusche von neuem zu hören: Tapp, tapp. Und dann: Pff, pff.

Tapp, tapp. Und dann: Pff, pff.

Tap tapp – pff, pff.

Der lange Larsen war nahe daran davonzulaufen. Saß hier vielleicht im Winkel der Klabautermann, von dem so viele Seemannslieder erzählten, und wollte er sie necken? Aus der linken Ecke bei den Rohren waren die verdächtigen Geräusche jedesmal gekommen! Larsen schaltete erneut das Licht an und beugte sich blitzschnell nach vorn.

Da sah er es.

Er sah es und konnte nur noch den Kopf schütteln, ehe er erschöpft auf die harte Koje sank.

Und nun schaute auch Hein Meck genauer hin. Und was er gewahrte, trieb ihm schier das Wasser in die Augen. Da saß auf einem der heißen Rohre ein Mäuschen! Im Dunkel war es jedesmal spazierengegangen, und dabei hatte es tapp, tapp gemacht. Weil aber das Rohr doch gar so heiß war, hatte das Mäuschen nach zwei Schritten immer wieder innegehalten und sich die Pfoten kühlgeblasen – und daher stammte das pff, pff!

Was weißt du von der Giraffe?

Warum hat die Giraffe einen so langen Hals?

Damit sie die nächste Sintflut lebend übersteht.

Wie bitte? Warum hat die Giraffe einen so langen Hals?

Damit sie von oben ihre Kinderchen besser zählen kann.

Und noch einmal: Warum hat die Giraffe einen so langen Hals?

Damit sie das Fernsehprogramm besser empfangen kann.

Noch einmal: Warum hat die Giraffe einen so langen Hals?

Damit sie besser über den Horizont blicken kann und rechtzeitig weiß, wann die Sonne aufgehen wird.

Weißt du noch was: Warum hat die Giraffe einen so langen Hals?

Damit niemand hinaufreicht und ihr das Maul verstopfen kann, wenn sie ganz dumme Scherzfragen von sich gibt.

So was gibt's doch gar nicht!

Als der dicke Franz seinen Freund Sepp vor dem Bäckerladen traf, der sehnsüchtig die leckeren Sachen im Schaufenster betrachtete, da stellte er sich neben ihn und klimperte aufreizend mit seinen fünfundzwanzig Pfennigen in der Hosentasche.

„Wenn du mir fünf aufeinanderfolgende Tage der Woche nennen kannst, in denen kein a vorkommt, dann schenke ich dir das Geld für einen Berliner Pfannkuchen."

Sepp klapperte vor Aufregung ganz schnell mit den Augendeckeln, denn Berliner Pfannkuchen aß er für sein Leben gern. Aber dann ging er im Geist schnell die Wochentage durch, Sonntag, Montag, Dienstag – und entdeckte, daß außer dem Mittwoch kein Tag so freundlich war, ohne a auszukommen. Der Samstag beanspruchte sogar zwei, und wenn man Sonnabend dafür sagte, wurde es auch nicht viel besser.

„Mööönsch!" trompetete er daher empört, „so etwas gibt es doch gar nicht. Du willst mich wohl auf den Arm nehmen?"

„Das gibt es nicht?" tat der dicke Franz verwundert. „Das ist aber schade. Da muß ich den Pfannkuchen leider selber essen. Die fünf aufeinanderfolgenden Tage ohne a heißen nämlich: vorgestern, gestern, heute, morgen, übermorgen!"

Sprach's und betrat den Laden. Die fünfundzwanzig Pfennige und ein Pfannkuchen wechselten ihre Besitzer. „Bimbam", machte die Ladenglocke, und der dicke Franz stand wieder draußen, wo Sepp noch ganz versteinert durch die Scheibe starrte.

„Der Pfannkuchen wäre leicht zu verdienen gewesen", maulte Sepp, als sie miteinander die Straße hinuntergingen.

„Ich habe ihn auch tatsächlich leicht verdient", lachte der dicke Franz, auf beiden Backen kauend.

„Wieso?" forschte Sepp mißtrauisch. „Woher hast du denn das Geld?"

„Das habe ich bei einer Wette gewonnen", sagte Franz und leckte sich die Lippen. „Deine Schwester wollte auch nicht glauben, daß es fünf aufeinanderfolgende Tage in der Woche gibt, in denen kein a vorkommt!"

174

Murks, das Schwein

„Ich will einen Radelrutsch", sagte Murks, das Schwein.

„Wo soll ich einen Radelrutsch hernehmen?" sagte die Schweine-mutter.

„Dann mache ich mir selber einen", sagte Murks, das Schwein. Es nahm zwei Rübenscheiben und zwei Bohnenstangen und machte sich einen Radelrutsch daraus.

„Wo willst du jetzt hinfahren?" sagte die Schweinemutter.

„Nach Schweinfurt", sagte Murks, das Schwein.

„Ach, herrje", sagte die Schweinemutter, „dann seh' ich dich ja nie wieder, denn in Schweinfurt – da kommen sicher alle Schwein furt."

„Dann bleib' ich lieber hier", sagte Murks, das Schwein. Es machte Feuer von den zwei Bohnenstangen, kochte die Radel-rutschrunkelrübenscheibenräder schön weich, gab Salz daran und aß sie zum Abendbrot auf.

Ein Schlaumeier

Irgendwo an der Grenze erschien der Wastl hoch zu Fahrrad mit einem großen Karton am Gepäckträger bei der Zollkontrolle.

„Etwas zu verzollen?" fragte der Zöllner.

„Nein, nichts!"

„Was haben Sie im Karton?"

„Bloß Sand", sagt der Wastl, „den bring ich dem Maler, für seine Kinder zum Spielen."

„Aufmachen!" sagte der Zöllner. Aber es war nur Sand.

„Fahren Sie weiter", sagte der Zollbeamte ärgerlich, „den Sand brauchen Sie nicht zu verzollen!"

Am nächsten Tag kam der Wastl wieder angeradelt, mit einem Karton voll Sand für die Kinder. Er mußte absteigen, der Sand wurde durchsucht. Nichts. Er durfte weiterfahren. Doch als er am dritten Tag wieder kam, eilten gleich fünf Mann herbei. Der Karton wurde ausgeleert, jedes Körnchen beguckt. Nichts wurde gefunden. Verärgert beförderten die Beamten den Sand wieder in den Karton.

Von da an konnte der Wastl ungehindert, Tag für Tag, Woche für Woche, mit dem Sand für die Kinder vom Maler über die Grenze radeln. Er hatte seinen Frieden, obwohl ihm die Zöllner nicht trauten. Verzweifelt dachten die Zollbeamten nach, was wohl der Wastl über die Grenze bringen könnte.

Eines Tages traf ein Zöllner den Wastl schon leicht angeheitert beim Wirt. Er trank weiter mit ihm auf gute Freundschaft und fragte ihn ganz vertraulich:

„Sag mal, Wastl, ich verrat dich nicht, und es passiert dir auch nichts, was schmuggelst du eigentlich?"

Da lacht der Wastl in seinem Rausch:

„Ja, seid ihr da nicht drauf kommen? Fahrräder natürlich, heute hab' ich das letzte Stück auf die andere Seite geradelt."

Ein Bär wollte telefonieren
- oder - Was so in der Welt passiert

Wer bekommt das Opossum?

Vier Neger, Bill, John, Pete und Bob, gingen einmal auf die Opossumjagd, aber während des ganzen Tages schossen sie nur ein einziges Tier. Also konnten sie sich leicht ausrechnen, daß am Abend drei von ihnen wohl oder übel vor leeren Tellern sitzen würden. Die Frage war nur, wer das einzige erlegte Tier braten und mit süßen Kartoffeln aufessen durfte.

Bill meinte:

„Ich mache euch einen Vorschlag. Wir legen uns alle hin und schlafen. Wer im Traum der reichste Mann ist, der soll das Opossum bekommen."

Die anderen waren einverstanden, und alle vier legten sich an einem schattigen Platz ins Moos und schliefen ein. Als sie aufwachten, hatte Bill geträumt, er sei der reichste Mann.

„Gut, er soll das Opossum haben!"

„Nein", sagte John, „ihr habt mich vergessen. Mir hat geträumt, ich sei ein Millionär."

„Na, dann gebt ihm das Opossum."

„Und mich fragt keiner!" rief Pete empört, „dabei habe ich wirklich und wahrhaftig geträumt, mir gehöre die ganze, runde Welt."

„Ja, dann muß man das Opossum wohl Pete geben!"

„Langsam", sagte Bob, „ihr habt immer noch mich vergessen."
„Ach ja ... sag schnell, was hast du nun geträumt?"
Bob stand auf, lächelte, rieb sich den Bauch und sprach dann:
„Ich habe nichts geträumt. Ich habe auch nicht geschlafen. Ich
bin wach geblieben und habe mir das Opossum gebraten. Ihr wißt
doch: Es sind nicht die Träumer, die die fetten Bissen bekommen,
es sind die Leute, die immer hellwach sind."

Ein Bär wollte telefonieren

Schon seit zwanzig Jahren arbeite ich auf einem Postamt im
Norden von Kanada.

Kürzlich passierte dort folgendes: Zweimal in einer Woche
wurde die Verbindung mit der Außenwelt unterbrochen. Wir haben da nämlich noch oberirdische Telefonleitungen, und ich mußte
mein Büro verlassen, um die schadhafte Stelle zu suchen. Zwar
besteht das ganze Postamt nur aus einer einfachen Holzbaracke,
aber es fiel mir doch schwer, in die Kälte hinauszugehen, um irgendwo in der Wildnis die Leitung in Ordnung zu bringen. Das erste
Mal mußte ich zwanzig Kilometer laufen, bis ich den abgeknickten
Mast fand und die zerrissenen Drähte notdürftig zusammenflicken
konnte. Ich konnte nicht verstehen, weshalb dieser Pfahl zerbrochen war, denn es hatte in den letzten Tagen weder geschneit
noch gestürmt. Außerdem waren merkwürdige Kratzspuren in
das Holz geritzt. Ich stand vor einem Rätsel, das noch geheimnis-
voller wurde, als kurz danach schon wieder ein Pfahl herunter-
gerissen war.

Über mir summten die Drähte, wie sie das bei großer Kälte tun. Ich lief so schnell, daß ich das Neigen und Wiederansteigen der Leitung zwischen den Pfählen beobachten konnte. Einmal hielt ich an, um das lange, blitzende Band besser prüfen zu können. An einem Kieferndikkicht hörte die helle Linie auf. Im Schnee lag ein zerbrochener Pfahl. Ich wunderte mich, daß gerade an dieser geschützten Stelle ein Mast zerbrochen war. Aber ich war zufrieden, daß ich diesmal nicht so weit zu laufen brauchte, um den Schaden zu beheben. Wenn ich mich beeilte, konnte ich noch vor Dunkelheit wieder in der warmen Poststation sein. Ich lief also schnell weiter. Unter meinen Sohlen knirschten die Schier, und über mir

summten die Drähte. Kurz vor dem geknickten Pfahl sah ich plötzlich einen starken Bären, der immer wieder zu den Drähten emporschaute, als hätte er auch die Strecke zu überwachen. Ich griff nach meiner Büchse. Aber ich griff ins Leere, ich hatte das Gewehr vergessen. Das ärgerte mich, denn mein kleiner Revolver war viel zu schwach, um einen Bären zu töten. Bei einem Bären weiß man ja nie, was er vorhat. Darum stellte ich mich hinter eine Kiefer, um das Tier zu beobachten.

Der Bär blieb immer wieder lauschend stehen und sah mit schiefgehaltenem Kopf zu der Leitung empor. Jetzt richtete er sich an einem Pfahl hoch, schnupperte in die Luft und begann, den schwachen Mast mit den Pranken zu bearbeiten. Nun schoß ich mit meinem kleinen Revolver in die Luft, und der Knall erschreckte den Petz so, daß er brummend in den Wald floh. Das hatte ich gehofft, denn ich wußte nun nicht nur, daß der Bär der Übeltäter war, sondern auch, warum er das tat: durch das Summen der Drähte nämlich glaubte Meister Petz, daß die Masten richtige Bäume wären, die einen summenden Bienenschwarm beherbergten. Deshalb hatte er sie geknickt, um an den vermeintlichen Honig, der seine Lieblingsspeise ist, heranzukommen.

Als am anderen Tage Tauwetter einsetzte und das Summen in den Drähten aufhörte, ließ der Bär die Leitung in Ruhe, und ich konnte weiter in meiner Poststation hinter dem warmen Ofen meine Pfeife rauchen.

Der Zauberdoktor Mloi

Der Erzähler dieser Geschichte lebt seit 1924 in Südafrika und ist vor acht Jahren nach einem Unfall total erblindet.

An einem schönen Samstagmorgen warteten Peters Freunde ungeduldig vor der Farm. Die Mutter packte noch schnell etwas zu essen ein, denn die Jungen wollten für den ganzen Tag in die Berge. Peter war sehr gern in der Natur und kannte jeden Pfad in der Umgebung, wußte Plätze, wo das Wild wechselte und wo seltene Blumen wuchsen.

Gegen Mittag geschah es, daß Peter auf eine Kobra trat, die ihn sofort in die Wade biß. Seine Kameraden töteten das Tier, und da keine Farm in der Nähe war, liefen sie zu den beiden nächstgelegenen Kafferkralen um Hilfe. Die Schwarzen haben ihre eigenen Kräutermedizinen, die oft erstaunlich gut wirken. Kumbi, der junge schwarze Schullehrer, war auch bald mit drei anderen Zulus zur Stelle, öffnete mit seinem Taschenmesser die Wunde und sog daran. Dann träufelte er einige Tropfen der mitgebrachten Medizin hinein. Es war keine Zeit zu verlieren. Auf einer Tragbahre trugen sie Peter zur väterlichen Farm, wo sein Vater bereits im Auto wartete, um den Bewußtlosen in größter Eile in das nächste Krankenhaus zu bringen.

Länger als erwartet mußte Peter das Bett hüten, und als er nach zwei Wochen heimkam, fühlte er sich noch immer schwach und krank.

Der bekannte schwarze Zauberdoktor Mloi, der in der Gegend wohnte und von Peters Unglück gehört hatte, wollte dem Jungen, der immer freundlich zu ihm gewesen war, helfen. Er war schon einige Mal auf der Farm gewesen, doch mußte er immer wieder unverrichteter Dinge heimkehren, weil Peter noch im Krankenhaus war. Heute aber fand er Peter mit seinem Vater auf der Veranda. Mloi bat, Peters Bein sehen zu dürfen. Peters Vater zögerte nicht, die Meinung des schwarzen Mannes zu hören, denn er war als einer der besten Zauberdoktoren der Gegend bekannt. Mloi, der seine Medizinen bei sich trug, holte zuerst einen Becher mit vielen kleinen Knöchelchen hervor. Er schüttelte den Becher und warf die kleinen Knochen vor Peters Beine. Aus ihrer Lage konnte er erkennen, was Peter fehlte. „Kannst du meinem Kinde helfen?" fragte der Vater den ernst dreinschauenden Mloi. „Vier meiner besten Kälber sollen dir gehören, wenn du Peter gesund machst." Der Alte nickte nur und bat um etwas heißes Wasser und Verbandszeug. Das grüne Pulver, das Mloi dick auf einen reinen Lappen streute, befeuchtete er mit einigen Tropfen Wasser und legte den Verband auf die noch immer offene Wunde. „Nehmt den Verband nicht ab", sagte er, „und wenn ich morgen früh wiederkomme, wird sich Peter besser fühlen." Und damit ging Mloi seines Weges.

Peter hatte eine schlechte Nacht, die Wunde schmerzte wie neulich, als der Schwarze an ihr sog. Am Morgen saß er müde in der frischen Luft auf der Veranda und wünschte sich, ein wenig im Garten herumlaufen zu können. Leise näherte sich ihm Mloi. Peters Vater, der den Alten durch das Fenster kommen sah, trat auf die Veranda, wo Mloi inzwischen, vor Peter kniend, den Verband abnahm. Da lag im trockenen Puder der krumme Giftzahn der Kobra, der, tief im Fleisch steckend, auch den scharfen Augen der Ärzte entgangen war. Der abgebrochene Zahn aber hatte die Heilung verhindert.

Wenige Tage später hörte man Peter wieder fröhlich lachen. Mloi aber trieb voll Stolz vier wohlverdiente muntere Kälber heim.

Fischfang an der englischen Südwestküste

Was ist denn das für ein kleiner Bub, der Tag für Tag in halber Höhe des Berges auf einem Felsvorsprung hockt? Es ist Jim, eine ganz wichtige Person für das kleine englische Fischerdorf, noch wichtiger als der Bürgermeister.

Ihr werdet es gleich sehen.

Hoch oben auf dem Felsen sitzt nämlich der alte Tom. Kein Mensch weiß, wie alt er ist. Von weitem sieht er aus wie einer dieser alten, knorrigen Ginsterbüsche, welche die runden Kuppen der felsigen Berge bedecken. Aber seine Augen sind nicht alt, sie sind jung und scharf geblieben. Mit ihnen schaut er von morgens bis abends unentwegt hinunter aufs Meer, denn im frühen Frühjahr kommen die ersten großen Fischzüge an der Küste vorbei. In großen Schwärmen ziehen die Fische zu ihren Laichplätzen. Als leichter Schatten ist der Schwarm von oben erkennbar. Onkel Toms Augen entgeht er nicht. Und wenn er ihn entdeckt hat, dann steht er auf und ruft, so laut er kann: „Boot 'raus!"

Seine Stimme ist brüchig und nicht mehr weit zu hören. Aber da ist ja nun Jim, wichtiger als der Bürgermeister. Mit heller Stimme rufend rennt er ins Dorf, bis die Leute in der entferntesten Hütte dieses „Boot 'raus" gehört haben. Jeder läßt fallen, was er gerade in der Hand hat und läuft zum Strand hinunter.

Ella, die große, starke Fischerin, ist immer als erste dort. Ihr gehören das große Boot und die Netze. Schon steht sie mit ein paar kräftigen Fischerburschen im Kahn und gibt die Befehle. Während in fieberhafter Eile das Netz ins Wasser gelassen wird, fährt das Boot im Halbkreis. Es ist ein Wettlauf zwischen dem Boot und dem Fischzug. Ist er gefangen? Das Netz ruckt, das Boot kommt zurück. Kaum stößt es auf den kiesigen Strand, fangen die Dorfbewohner an, das Netz an zwei langen Tau-Enden hereinzuziehen. Das ist ein gewaltiges Stück Arbeit, denn es ist schwer und muß sehr rasch gehen, damit die Fische nicht Zeit haben, das Netz zu überspringen. Hin und wieder gelingt es zwar trotzdem einem besonders großen Kerl, sich mit einem kühnen Sprung in die Freiheit zu retten. Je näher nun das Netz ans Ufer gezogen wird, desto mehr ruckt und zuckt das Seil in den Händen, denn die Fische wehren sich verzweifelt in Todesnot. Aber schon liegen sie auf dem Strand, viele Zentner, ein großer, schnappender Haufen, in der Hauptsache Lachs und Barbe. Ein Lastwagen steht bereit, um den Fang noch lebend in die nächste Stadt zu fahren, und Ella wird nächstens jedem Dorfbewohner seinen Anteil an dem Fischzug ausbezahlen.

Nach kurzer Zeit liegt der Strand wieder verlassen. Nur ein paar Buben lungern herum und spielen mit Steinen und Muscheln.

Onkel Tom aber sitzt wieder reglos hoch oben auf dem Felsen, die Augen aufs Meer gerichtet, und Jim kauert auf seinem Felsvorsprung.

Wenn Jim einmal älter ist und von vielen Fahrten auf dem Meer aus fremden Ländern in sein Heimatdorf zurückkehrt, wird er vielleicht Onkel Toms Platz auf dem Felsen einnehmen. Unten aber wird wieder ein kleiner Bub sitzen, der wichtiger ist als der Bürgermeister, und den Ruf des alten Jim weitergeben: „Boot 'raus!"

Tante Pauline und die Herbstzeitlosen
- oder - Von Blumen und Pflanzen

Tante Pauline und die Herbstzeitlosen

Jedesmal, wenn Tante Pauline eine Wiese sah, auf der Herbstzeitlosen wuchsen, brach sie in Entzücken aus. „Guck doch, Heinzemann, sind sie nicht süß, so zart und zerbrechlich!" Ihre Stimme überschlug sich vor Höhe und Begeisterung, und es war ihr ganz gleichgültig, ob die Leute es hörten. Aber Heinz war es ganz und gar nicht gleichgültig. Er konnte die Herbstzeitlosen nicht leiden, weil Tante Pauline sie leiden konnte und das so laut verkündete. Er haßte es außerdem, wenn sie „Heinzemann" sagte. Den andern hatte er diesen Kleinkindernamen mit viel Mühe abgewöhnt, aber Tante Pauline blieb dabei. Man konnte ihr einfach nichts abgewöhnen. War ein Bauer in der Nähe, so genierte sich Heinz ganz besonders. Dann drückte er seine Stimme tief hinunter, machte sie männlich und grimmig und sagte laut: „Sie taugen nichts, sie sind giftig!" Der Bauer sollte hören, daß nicht alle in der Familie so waren wie Tante Pauline, sondern daß es da Leute gab, die genau wußten, was es mit diesen Herbstzeitlosen auf sich hatte.

„Aber du brauchst sie doch nicht zu essen, Heinzemann", sagte darauf Tante Pauline und lächelte liebevoll. Ihr wißt alle, was Heinz nun am liebsten gesagt hätte, aber er sagte es nicht. Er konnte ja schließlich nicht mit ihr umgehen wie mit Nachbars Alois, der oft auch so blöde Sachen sagte. Nein, Tante Pauline

konnte er nur mit geistigen Waffen schlagen. Und diese Gelegenheit kam.

Im Verlauf des Jahres hatte Heinz in der Schule so manches über die Wiese erfahren. Als Tante Pauline ihren üblichen Herbstbesuch machte, war er also gerüstet und packte aus. „Deine Herbstzeitlose", sagte er, „das ist gar nicht so ein zartes, hilfloses Pflänzchen. Das ist ein ganz raffiniertes Stück, das sich regelrecht in die Wiese hineingeschmuggelt hat, jawohl!"

Tante Pauline machte große Augen vor Entsetzen, aber Heinz blieb ungerührt und erklärte die Sache. Er holte weit aus und fing damit an, daß es nicht immer schon Wiesen gegeben hat. Erst die Sense hat die Wiese zur Wiese gemacht. Und wenn nicht gemäht würde, wäre sie wieder, was sie früher war – ein Wald. So aber wird durch den Schnitt alles vernichtet, was nicht in die Wiese hineingehört, die Sämlinge der Bäume zum Beispiel oder die Stecklinge der Büsche. Die Wiesenpflanzen aber haben sich dem Sensenschnitt angepaßt. Das Heer der Gräser, der Klee, der Hahnenfuß, die Kuckucksnelke, die Glockenblume und der Sauerampfer, sie alle bilden Wurzelstöcke, und nach jedem Schnitt treiben sie unermüdlich neue Sprossen. Was Knollen und Zwiebeln hat, kann ebenfalls nicht durch die Sense umgebracht werden. Jede Pflanze schützt sich, so gut sie kann. Sie beeilt sich, daß im Laufe des Sommers und Herbstes, jeweils vor dem Schnitt, die Samen reifen und vom Wind, den Vögeln und Ameisen verbreitet werden. Wenn der Herbst da ist und der Winter naht, ist die Arbeit getan. Die Herbstzeitlose aber blüht erst, wenn alles andere anfängt, sich auf seine Wurzelstöcke, Knollen und Zwiebeln in der Erde zurückzuziehen. Ihr macht der Sensenschnitt gar nichts aus, denn sie hat ihr Leben einfach in zwei Abschnitte geteilt, in denen nicht gemäht wird. Im späten Herbst findet die Befruchtung statt, und im ganz frühen Frühjahr entwickelt sie Blätter und Fruchtkapseln. Dazwischen hält sie einfach einen Winter- und einen Sommerschlaf.

„Wie klug", sagte Tante Pauline bewundernd.

„Wenn sie's aber alle so machten", sagte Heinz streng, „nicht eine Blume würde im Sommer blühen. Außerdem hat sich die Herbstzeitlose gar nicht anstrengen müssen wie die andern Pflanzen der Wiese. Sie kam erst, als die Wiese schon fix und fertig war. Ursprünglich war sie in den Mittelmeerländern zu Hause. Dort ruhte sie in der Hitze des Sommers in der Erde aus und brachte bei den Herbst- und Frühjahrsregen ihre Sache in Ordnung. Und mit diesem Trick hat sie sich ganz ohne Anstrengung in unsere Wiese hineingeschmuggelt. So ist das!"

„Aha", meinte Tante Pauline und schaut Heinz voll Bewunderung an, „so ist das."

Wenn sie in Zukunft nun sagte: „Sind diese Herbstzeitlosen nicht süß!" – denn man konnte ihr ja nichts abgewöhnen – fügte sie immer hinzu: „und so klug!"

Dann erzählte sie jedermann Heinzens Wiesengeschichte. Aber das schadete nichts, denn so erfuhren viele Leute, was für eine großartige und anstrengende Sache so eine Wiese war.

Ich habe es auch von ihr erfahren!

Ein Kraut und viele Namen

Wer kennt den Hühnerdarm, der auf Gemüsebeeten und Äckern wuchert? Oft wächst dieses zarte Unkraut mit seinen kleinen Blättchen so dicht, daß es einem grünen Teppich gleicht.

Da gab's einmal einen Acker, der war über und über bedeckt mit Hühnerdarm. Der Bauer mochte ihm noch so sehr mit dem Spaten zu Leibe rücken, nach ein paar Tagen wucherte das Kraut erneut.

Eines Tages spazierte ein Henne auf dem Acker umher. Sie zupfte da und zupfte dort – wieder und wieder naschte sie von den zarten Blättchen. Es schien, als könnte sie nicht genug davon kriegen. Da kamen ein paar Spatzen angeflogen. Und sogleich begannen auch sie die Blätter, Blüten und Stengel abzuzupfen.

„Gagaa! Gagagagaa!" schimpfte die Henne. „Ihr freches Spatzenvolk! Macht, daß ihr weiterkommt! Das ist mein Gemüse – mein Hühnerdarm."

„Tschilptschilptschilp!" schimpften die Spatzen zurück, „Hühnerdarm! Hühnerdarm! Das ist kein Hühnerdarm, das ist der Vogelmeier und ist unser Gemüse! Ja, ja, das Gemüse für uns Vögel!"

„Vogelmeier! Gagagagaaa!" spottete die Henne. „Diesen Namen habt ihr wohl dem Gemüse gegeben! Und was heißt für euch Vögel! Als ob ich kein Vogel wäre! Gagagagaa!"

„Tschilptschilptschilp!" schrien die Spatzen, „das ist ja zum Lachen! Du, und ein Vogel! Du kannst ja nicht einmal richtig hoch fliegen!"

Da kam ein Hänfling angeflogen. Und bald darauf ein Zeisig. Beide ließen sich die Pflanze gut schmecken.

Und wieder schimpfte die Henne: „Gagagagaa! Das ist mein Gemüse, mein Hühnerdarm! Schert euch fort von hier!"

„Hühnerdarm?" staunten der Hänfling und der Zeisig.

„Von Hühnerdarm haben wir noch nie gehört. Das ist doch die Vogelmiere und gehört uns Vögeln."

„Vogelmiere?" riefen da die Spatzen. „Das Gemüse heißt doch Vogelmeier!"

„Was versteht denn ihr gemeines Spatzenvolk von solchen Dingen", erwiderte der Zeisig hochmütig. Und die Henne begann zu schimpfen, und dann schimpften auch die anderen, und schließlich stritten alle über den Namen hin und her.

Da erhob sich unweit von ihnen aus der Ackerfurche eine Lerche und stieg trillernd und singend hoch hinauf in die klare Luft.

„Gagagagaa!" rief die Henne. „Die Lerche wohnt hier auf dem Acker – sie soll uns sagen, wie das Gemüse heißt und wem es gehört."

Da ließ sich auch schon die Lerche lotrecht herunterfallen, bremste dicht über dem Boden und landete flatternd inmitten der aufgeregten Schar. Als sie hörte, worum es ging, ließ sie ein trillerndes Lachen hören. Dann sagte sie: „Ob ihr mir's glaubt oder nicht: keiner von euch hat recht – und doch auch wieder alle. Das gute, zarte Gemüse hier heißt nämlich Sternkraut – nach seinen kleinen weißen Blütensternen so benannt. Also hat keiner von euch recht. Es heißt aber auch Hühnerdarm, Vogelmeier und Vogelmiere – also hat jeder von euch recht. Ich kann nur eines nicht verstehen: Warum streitet ihr darüber, wem es gehört? Das Sternkraut bedeckt den ganzen Acker, es ist also genug für alle da. Ja, nicht nur genug, wir haben Überfluß daran. Und darum wollen wir es uns alle gut schmecken lassen."

Ein Apfel mit Herz

Wie kommt das Herz auf den Apfel? Handelt es sich um eine neue Sorte, eine Sorte mit Herz?

194

So ist es nicht! Vielmehr können wir jede schöne rote Apfelsorte mit einem Herz versehen.

Auch die Namen unserer Lieben lassen sich auf dem runden Apfel verewigen. Wir können auch ein ganzes Bild auf die Frucht zaubern!

Das Malen überlassen wir der Sonne! Wir brauchen nur wenig zu tun. Bevor die Äpfel sich röten, umhüllen wir sie mit Papiertüten, dann bleiben sie blaß.

Etwa zwei Wochen vor dem Pflücken entfernen wir die Tüten und befestigen mit einer Gummilösung dunkles, wetterfestes Papier auf der Südseite der Früchte, aus dem wir vorher Schablonen geschnitten haben, die Herzen, Namenszüge oder Bilder darstellen.

In der Sonne rötet sich der Apfel schnell. Nur die Stellen, wo das Papier angeklebt wurde, bleiben farblos und zeigen – nach dem Entfernen der Schablone – die Malerei.

Eine kleine Kokosnuß

Es war einmal eine kleine Kokosnuß. Die wohnte unter einem grünen Blätterdach hoch über dem Meer. Der Wind machte ihr gar nichts aus, denn sie war noch jung und saß fest auf ihrem Stiel. Und schwitzen brauchte sie auch nicht. Ein dicker Fasermantel schützte sie vor der heißen Tropensonne, und außerdem schwappte in ihrem Bauch schöne, kühle Kokosmilch.

Sie wurde immer älter und erwachsener und lugte ängstlich durch den Blätterschirm nach unten. So weit war der Weg bis zur Erde! Zerbrach man auch sicher nicht, wenn man da hinunterfiel?

Plötzlich tat es einen Knacks, und die dicke Nuß fiel hinab ins Meer. „Wunderbar, ich schwimme!" rief sie und drehte sich wie ein wildgewordener Kreisel. Der Mantel aus Kokosfasern ließ sie nicht untergehen.

Ein Walfisch kam geschwommen und stupste sie: „Was bist denn du für eine?" – „Ich", rief die Kokosnuß, „ich bin eine feine, junge Kokosnuß und möchte einmal eine große Palme mit vielen Nußkindern werden!" – „Och", meinte der Wal, „hier im Wasser? Da müssen deine Wurzeln aber sehr, sehr lang sein!" Dann schüttelte er seinen mächtigen Walfischkopf und verschwand.

Die Kokosnuß erschrak. Was half ihr der kleine Keimling, den sie spazierentrug? Was half ihr der Milchsee, mit dem sie ihn füttern wollte, damit er wachsen konnte? Sterben mußte sie sowieso. Das war nicht so schlimm. Aber hier auf dem Meer?

„Lieber Wind", weinte die Kokosnuß, „du hast mich geschüttelt und heruntergeworfen, könntest du mich nicht dorthin bringen, wo ich nicht noch ganz aufweiche und kaputtgehe?"

„Warte ein Weilchen", flüsterte der Wind. „Frage nicht so viel, es hat alles seinen Sinn auf der Welt." Bergauf, bergab ging der Wellenweg übers weite Meer. Plötzlich aber gab es einen Stoß und

die dicke Nuß guckte erstaunt um sich. Da war wahrhaftig Land! Richtige feste Erde! Aber es wuchs überhaupt kein Baum. Bloß hartes, braunes Gras, Kakteen und struppige Büsche.

„So was", sagte die tapfere kleine Nuß, „da bin ich ja gerade recht gekommen." Dann legte sie sich auf der kargen Erde still zur Seite. Der Keimling begann zu wachsen, er trank von der kühlen Milch, verspeiste das saftige Fleisch, wuchs nach oben und unten, und wenn du hundert Jahre warten willst, dann findest du an derselben Stelle ein Inselchen mit vielen, vielen Kokospalmen: Palmen, die Schatten geben und eine Menge anderer Pflanzen gedeihen lassen.

Heute weiß—morgen rot: Rosen ändern ihre Farbe!

Auch mit diesem „Geschenk" kann man überraschende Wirkungen erzielen, denn der Beschenkte wird nicht schlecht staunen, wenn am anderen Tag die weißen Rosen sich plötzlich in rote verwandelt haben. Das um so mehr, wenn die Rosen unter allerhand geheimnisvollen Andeutungen überreicht wurden.

Drei rote Rosen werden mit den Köpfen nach unten in ein großes Einmachglas gelegt. Nun wird ein Stück Schwefel, wie es in jeder Drogerie zu kaufen ist, angebrannt und dazugelegt und schnell das Glas mit einem passenden Deckel oder einem kräftigen Papier verschlossen. Die Rosen entfärben sich schon nach wenigen Sekunden im Schwefeldampf. In diesem weißen Zustand werden die Rosen verschenkt. Wenn sie dann einige Stunden im Wasser gestanden haben, bekommen sie wieder ihre rote Farbe und überraschen damit den Beschenkten, der ja von dem Entfärbungsvorgang keine Kenntnis hat.

Vom Nuschelpeter und anderen Schnurpsen

Der Fehlervogel

Es war einmal ein kleines Mädchen, das war nicht sehr klug, aber kein Mensch merkte es, denn – ja denke dir – es hatte einen Fehlervogel. Der Fehlervogel war dunkelblau wie dunkelblaue Tinte, und er glänzte und schillerte ganz herrlich. Wenn nun das kleine Mädchen seine Schulaufgaben machte, so schrieb und rechnete es frisch drauflos. Aber es machte gräßlich viele Fehler. Das tat jedoch nichts, denn wenn es den Schlußpunkt gesetzt hatte, so rief es einfach: „Fehlervogel friß!" Und der Fehlervogel kam geflogen und fraß alle Fehler und alle Tintenkleckse weg.

Eines Tages sagte ein Schulkamerädchen: „Ach, ich möchte auch so klug sein wie du, nie hast du einen Fehler, und ich hab' immer so viele." – „Ja", sagte das kleine Mädchen, „ich habe ja auch einen Fehlervogel. Wenn ich zu meinem Fehlervogel sage: ‚Fehlervogel friß!', so frißt er mir alle Fehler weg." – „Oh", sagte das Schulkamerädchen, „da komme ich heute nachmittag zu dir und bringe alle meine Hefte mit." – „Ja, tu das", sagte das kleine Mädchen.

Aber am Nachmittag kamen mit der Schulfreundin viele andere Mädchen und Buben, stolperten ins Zimmer hinein und brachten alle ihre Hefte mit. Und das kleine Mädchen breitete all die vielen Hefte vor dem Fehlervogel aus und sagte: „Fehlervogel friß!" Und der Fehlervogel fraß und fraß und fraß, und auf einmal tat es einen dumpfen Knall, und da war der Fehlervogel geplatzt. Da er aber innen voller Tinte und Fehler war, so flogen alle die Tintenflecken und alle die Fehler wieder in die Hefte hinein, und da standen nun die Kinder und hatten so viele Fehler und Kleckse in den Heften wie zuvor und noch viel mehr dazu. Der Fehlervogel aber lag auf dem Rücken und streckte die Beine von sich. Er war mausetot.

Das kleine Mädchen stand davor und weinte bitterlich. Die anderen Kinder aber gingen ganz leise zur Tür hinaus. Ach – sie wußten genau, daß der einzige Fehlervogel, den es in der Welt gegeben hatte, nicht so jämmerlich hätte sterben müssen, wenn sie in der Schule ein ganz klein wenig fleißiger gewesen wären und nicht so viele Fehler in ihre Hefte gemacht hätten.

Dieses Fußballspiel fällt aus

Der Peter sagt zum Roderich:
„Stell dich ins Tor, jetzt schieße ich."
    Drauf sagt der Roderich zum Peter:
    „Verlier beim Schuß nicht deine Treter."
Der Peter sagt: „He, Roderich,
mein lieber Freund, ich warne dich!"
    Drauf sagt der Roderich zum Peter:
    „Du schießt wohl mit dem Mund Elfmeter."
Der Peter sagt zum Roderich:
„Du Spielverderber, spiel für dich."
    Drauf sagt der Roderich zum Peter:
    „Schieß in den Wind! Wir spielen später."

Die knipsverrückte Dorothee

Dorothea kriegte gestern
einen Fotoapparat.
Und nun knipst sie unermüdlich
Hochformat und Querformat.
Dorothea hat Geschick:
Klick!

Dorothea knipste Bilder
von der Mutter mit dem Hut,
von dem Pinscher namens Satan
und der Patentante Ruth.
Auch vom Vater mit dem Schlips:
Knips!

Dorothea wurde kühner,
denn nun knipste sie sogar
Nachbars aufgescheuchte Hühner
und die Birke mit dem Star.
Mittags war der Film schon voll.
Toll!

Vater in der Dunkelkammer
hat den Film mit Müh und Zeit
bis zum Abendbrot entwickelt.
Aufgepaßt, es ist soweit!
Mutter zog die Bilder ab:
Schnapp!

Abends sah sich die Familie
sehr verdutzt die Bilder an.
Vater grinste, Mutter lachte,
Tante Ruth rief: „Sieh mal an!"
Dorothea aber sprach:
„Ach!"

Man sah Mutters halbe Nase,
obendrein ein Stück vom Hut.
Und die umgestülpte Vase
war ein Bein von Tante Ruth.
An der Birke sah man bloß
Moos.

Auch vom Pinscher namens Satan
sah man nur das linke Ohr,
und das schaute wie ein Dreieck
hinterm Kohlenkasten vor.
Jeder rief: „Ojemine!
Dorothee!"

Nachbars Hühner waren deutlich.
Aber keines sah man ganz.
Links sechs Beine, rechts ein Flügel,
und ganz oben war ein Schwanz.
Vaters Bild war nur ein Schlips:
Knips!

Der Nuschelpeter

Ein Junge namens Peter,
der sprach in einem fort,
doch keiner konnt verstehen
auch nur ein einz'ges Wort.

Nie sprach er laut und deutlich,
er nuschelte so hin,
und gab sich niemals Mühe
in seinem Eigensinn.

„So spitzt i h r doch die Ohren,
dann könnt ihr mich verstehn!"
Das nuschelte der Peter –
und war doch fast schon zehn!

Nur Mutter konnt erraten,
was Peter immer wollt.
Sie hat ihn oft verbessert
und manches Mal verkohlt.

Da, eines Tags verirrte
sich Peter auf dem Land.
War weit von seinem Hause,
bis er mal Leute fand,

die er nun fragen konnte,
wo seine Straße wär.
Doch jeder, den er fragte,
verstand nur ungefähr.

Sie schickten ihn zum Geierplatz,
zum Meierplatz, zum Schreierplatz,
zum Pfeifenplatz, zum Reifenplatz,
zum Geigenplatz, zum Feigenplatz.

Zuletzt war Peter nah den Tränen,
begann sich fürchterlich zu schämen
und sprach zum Schupo klar den Satz:
„Ich wohne am Getreideplatz!"

In kurzer Zeit war er dann dort!
Von nun an sprach er jedes Wort
so, daß man wußt, was will der Peter,
und jetzt verstand ihn auch ein jeder.
Und alle fanden sie – ich wett –
den Nuschelpeter endlich nett.

Ein Schnurps droht einem andern Schnurps

Komm doch her, du, wenn du dich traust!
Dich zwing' ich immer noch nieder!
Das sag' ich dir, wenn du mich haust,
dann hau ich dich nämlich wieder!
Dein großer Bruder, dein böser,
der darf mich gar nicht verhau'n!
Mein Bruder ist noch viel größer,
der schmeißt deinen über den Zaun!

Mamakind! Besserwisser!
Du machst dir die Hosen noch naß!
Ja, schau nur recht blöd, du Schisser!
Komm her, dann erlebst du mal was!
Ich kann nämlich fürchterlich raufen!
Jetzt rennt er davon! Schaut ihn an!
(Ganz heimlich: Wär er nicht gelaufen,
dann hätt' ich's gleich selber getan.)

Der kleine John Acht

Es war einmal ein kleiner schwarzer Junge, der hieß John Acht. Er war ein hübscher kleiner Junge, nur eben, er war nicht so nett wie er aussah. Der unartige kleine Junge wollte nie hören, wenn ihm die großen Leute etwas sagten. Nie und nimmer. Sagte ihm seine Mama, tue dies nicht und tue das nicht, schwupp, ging er hin und tat's gerade.

„Du darfst die Kröten nicht tot treten", sagte ihm seine Mama, „man darf Tiere nicht quälen. Es bringt Unglück, verstehst du!"

Der kleine John Acht antwortete:

„Ich will mir's merken, Mama. Bestimmt!"

Aber kaum hatte seine Mama den Rücken gekehrt – was tat der kleine John Acht?

Er sah eine Kröte und trat sie tot.

Da wollte die Kuh keine Milch mehr geben, und das Baby bekam Bauchschmerzen.

Aber der kleine John Acht schaute nur zu Boden und lachte.

„Bitte, setz dich nicht verkehrt herum auf den Stuhl", sagte seine Mama, „du stürzt sonst, und Unglück bringt es auch."

Aber freilich setzte sich der kleine John Acht nun gerade verkehrt herum auf den Stuhl.

Seiner Mama verbrannte das Brot im Backofen, und die Milch wurde sauer.

Der kleine John Acht lachte und lachte nur, denn er wußte ja, warum das so gekommen war.

„Am Sonntag darf man nicht auf die Bäume klettern", sagte seine Mama, „auch das bringt Unglück."

Aber was tat der kleine John Acht? Nun kletterte er gerade am Sonntag auf den Baum.

Die Kartoffeln auf dem Feld seines Vaters wollten nicht wachsen, und das Maultier war störrisch.

Der kleine John Acht wußte warum.

„Steck den Finger nicht in den Mund", sagte die Mama zu John Acht, „sonst wird jemand von uns krank werden."

Aber der kleine John Acht hörte nicht. Er steckte weiter den Finger in den Mund, wenn die Mama nicht hinsah.

Sein Vater bekam Husten und das Baby die Grippe. Alles nur, weil der kleine John Acht ein ungezogener kleiner Junge war.

„Leg dich im Bett nicht mit dem Kopf ans Fußende", sagte seine Mama, „sonst werden wir alle arm."

Aber auch diesmal hörte der kleine John Acht nicht, sondern legte sich gerade mit dem Kopf gegen das Fußende hin schlafen.

Aber was soll ich euch sagen! Am nächsten Morgen kommt die Mutter in das Zimmer des kleinen John Acht. Und was sieht sie da?

Am Fußende, auf dem Kissen, auf dem eigentlich John liegen sollte, steht ihr alter, schmutziger Kartoffeleimer. In der Nacht war nämlich ein Gespenst zu dem unartigen kleinen John ins Zimmer gekommen und hatte ihn, da er nie hören wollte, in einen schmutzigen Kartoffeleimer verwandelt.

Eine ganze Woche lang blieb der kleine John Acht ein schmutziger, alter Kartoffeleimer. Man kann sich denken, wie die anderen Jungen ihn auslachten. Niemand wollte mit ihm spielen, denn wer sieht es schon gern, wenn statt eines hübschen kleinen Jungen ein alter, schmutziger Kartoffeleimer vor einem steht.

Niemand wollte dem kleinen John Acht einen Kuß geben. Denn wer küßt schon gern einen schmutzigen, alten Kartoffeleimer! Nur die Mutter gab dem kleinen John Acht jeden Abend einen Kuß, und als sie am Montag in das Zimmer kam, in dem der kleine John schlief, da fand sie auf dem Kissen am Kopfende des Bettes nicht länger den schmutzigen Kartoffeleimer, sondern den hübschen kleinen Jungen.

„Bist du es, John Acht?" fragte die Mutter.

„Ich bin es, Mama", sagte John Acht.

„Da bin ich aber froh", rief die Mutter, „nur etwas an dir ist anders, glaube ich."

„Wenn du es sagst, wird es wohl so sein", meinte der kleine John Acht, und man hat seither nichts mehr davon gehört, daß er Kröten tot tritt oder am Sonntag auf Bäume steigt.

23. Woche

Das gähnende kleine Krokodil
und andere komische Tiere

Wer kitzelt mich da?

„Wer kitzelt mir da am Rücken die Steine?"
fragte die Mauer.
– „Ich", sagte die kleine
Raupe, ich tu es nicht gerne,
's ist nur, weil ich kriechen lerne."

Vom gähnenden kleinen Krokodil

In einem großen Zoo wohnte eine Krokodilmama mit ihrem Kind. Sie hieß Kroka-Happ, und ihr Kind hieß Kroki-Häppchen. Sie hatten es beide gut und merkten kaum, daß sie gefangen waren. Kroka-Happ war eine gute Mama, und darum war sie auch den ganzen Tag damit beschäftigt, aus ihrem Kroki-Häppchen ein braves Krokodil zu machen. „Reiß die Augen fein auf", sagte sie. „Zeige dein Krokodil-Lächeln! Winke mit dem Schwanz!" sagte sie. „Hunde machen das auch, und die Menschen haben sie dafür lieb!" Das sagte sie den lieben langen Tag. Aber noch schlimmer wurde es, als Kroka-Happ einmal hörte, daß eine Mutter ihrem Kind vor dem Gitter verbot, laut und vernehmlich zu gähnen. „Gähne nicht so laut!" sagte von der Zeit an Kroka-Happ alle paar Minuten zu ihrem Kroki-Häppchen. „Und nicht so lange! – Und nicht so oft!" sagte sie. Aber das langweilte das Kroki-Häppchen so sehr, daß es immer häufiger und immer länger gähnen mußte. „Huuu-ach!" machte es. „Huu-ach!" Und die Leute, die vor dem Gitter standen, schauten weit in seinen rosa Schlund hinein. Den Kindern gruselte es ein klein wenig, aber nur ein angenehmes Kleinwenig, denn sie hielten ja die Hand ihrer Mutter fest, und wer die Hand seiner Mutter hält, dem kann ja bekanntlich nichts Schlimmes geschehen. „Kroki-Häppchen", sagte Kroka-Happ streng, „was sehe ich? Du gähnst ja schon wieder!" – „Huu-ach!" antwortete Kroki-Häppchen, und es gähnte diesmal so gewaltig, daß alle Leute müde wurden. „Hu-ach!" sagten sie auch, leise oder laut. Je nachdem, wie sie erzogen waren, hielten sie sich eine Hand vor den Mund. Manche schluckten den ganzen Gähner einfach hinunter, aber das machte ihnen schlechte Laune, und sie gingen fort. Nur ein kleines Kind, das mit seinem Papa gekommen war, blieb. Es hatte gerade zwei Sahnebonbons geschenkt bekommen. Eins hatte es im Mund und lutschte zufrieden daran. Aber das andere hielt es fest in seinem Händchen. Und wie es da unter sich den weitoffenen Krokodilrachen sah, so schrecklich und hungrig weit offen, da öffnete es seine kleine Hand, und das leckere Sahnebonbon, das es gehalten hatte, sauste – platsch – genau in Kroki-Häppchens Maul hinein. „Klapp!" sagten die Krokodilzähne. Das Bonbon war verschwunden, und das Kind war zu erschrocken, um zu weinen. Aber was Kroka-Happ mit allen guten Worten nicht erreicht hatte, das geschah jetzt: Kroki-Häppchen hielt sein Maul brav geschlossen und – lutschte! „Hmmm!" – dachte es, und wollte vor Wonne über den leckeren Geschmack wieder gähnen – da ging das nicht! Es ging einfach nicht, solange das Sahnebonbon dem kleinen Krokodil die Zähne verklebte. Erst als es bis auf ein Itzepitzchen aufgelutscht war, konnte Kroki-Häppchen sein Maul wieder aufsperren, um zu – betteln! Aber da war das Kind schon weitergegangen, nach Hause und zu Bett. Dort versuchte es vor dem Einschlafen auch so weit zu gähnen wie das Kroki-Häppchen. „Huu-ach – Huu-ach!" Es wurde müde davon. So müde ... Gute Nacht!

Der Gaul

Es läutet beim Professor Stein.
Die Köchin rupft die Hühner.
Die Minna geht: Wer kann das sein? –
    Ein Gaul steht vor der Türe.

Die Minna wirft die Türe zu.
Die Köchin kommt: Was gibt's denn?
Das Fräulein kommt im Morgenschuh.
    Es kommt die ganze Familie.

„Ich bin, verzeihn Sie", spricht der Gaul,
„der Gaul vom Tischler Bartels.
Ich brachte ihnen dazumal
    die Tür- und Fensterrahmen."

Die vierzehn Leute samt dem Mops,
sie stehn, als ob sie träumten.
Das kleinste Kind tut einen Hops,
    die andern stehn wie Bäume.

Der Gaul, da keiner ihn versteht,
schnalzt bloß mal mit der Zunge,
dann kehrt er still sich ab und geht
    die Treppe wieder hinunter.

Die dreizehn schaun auf ihren Herrn,
ob er nicht sprechen möchte.
„Das war", spricht der Professor Stein,
    „ein unerhörtes Erlebnis!" ...

Amalia und Eulalia

Die Schnecke Amalia und die Schnecke Eulalia wohnten tausend Meter voneinander. Tausend Meter weit, das ist für Schnekken schon fast wie in einem anderen Land. Aber alle Feiertage besuchten sich die beiden Schnecken doch.

Als Amalia an Ostern zu Eulalia kam, sagte sie: „Ich weiß eine Geschichte. Paß auf! Es war einmal ein..."

„Ach!" rief Eulalia. Sie gehörte nämlich zu denjenigen, die den Mund nicht halten können.

„Nein, kein Bach", sagte Amalia. „Es war einmal ein..."

„Hu!" rief Eulalia.

„Nein, keine Kuh", sagte Amalia. „Es war einmal ein..."

„Oh!" rief Eulalia.

„Nein, kein Floh", sagte Amalia. „Es war einmal ein..."

„Ei!" rief Eulalia.

„Nein, keine zwei!" sagte Amalia. „Es war einmal ein..."

„Ah!" rief Eulalia.

„Nein, kein... kein...", sagte Amalia. „Ach du liebes Salatblatt! Jetzt weiß ich nicht mehr, was nicht war. Und was war, habe ich auch vergessen. Außerdem ist es Zeit, daß ich ans Heimkriechen denke; der Weg ist weit. Aber wenn uns bis Pfingsten kein Vogel aufgepickt hat, und wenn mir bis dahin die Geschichte wieder eingefallen ist, und wenn du mir dann nicht immer dreinredest, erzähle ich dir die Geschichte bei unserm nächsten Besuch!"

Die kleine Maus aus den Bildgeschichten

Ein Mäuschen aus einer Zeitung mit Bildgeschichten für Kinder war es eines Tages müde, immer zwischen Zeitungsblättern zu hausen. Es wollte den ewigen Geruch von Papier und Druckerschwärze mit dem von Käse und weißem Mehl vertauschen. So machte es einen großen Satz und war damit plötzlich in einer anderen Welt. In der Welt der Mäuse aus Fleisch und Blut.

„Squash!" rief es gleich entsetzt aus, denn es witterte eine Katze.

„Wie meinen Sie?" wisperten die anderen Mäuse, von diesem fremdartigen Wort eingeschüchtert.

„Spoon, bang, pulp!" sagte das Mäuschen, das nur die Sprache der Bildzeitungen beherrschte.

„Das muß türkisch sein", erwog ein alter Schiffsmäuserich, der, bevor er in Pension ging, Dienste auf Schiffen im Mittelländischen Meer getan hatte. Und er versuchte, die neue Maus auf türkisch anzusprechen. Das Mäuschen sah ihn aber nur ganz fassungslos an und sagte: „Ziip, fiish, bronk."

„Das ist nicht türkisch", schloß der Seefahrermäuserich nach diesen Lauten.

„Aber was ist es denn?"

„Vattelapesca – fisch es dir selber heraus!"

So nannten sie fortan die kleine Maus ‚Vattelapesca' und behandelten sie ein bißchen wie einen Dorftrottel.

„Vattelapesca", fragten sie, „magst du lieber Parmesankäse oder Schweizerkäse?"

„Spiiiit, Grong, Zizizizirrrr", erwiderte die Bildgeschichtenmaus.

„Ach, gut’ Nacht“, lachten sie die anderen Mäuse aus. Und die Kleinste zupfte sie am Schwanz, nur um sie so komisch schimpfen zu hören: „Zooong, bing, grong.“

Eines Nachts zogen alle auf Raub aus, sie schlichen sich in eine Mühle ein, die voller Säcke mit herrlichem weißem und gelblichem Mehl stand. Die Mäuse schlugen ihre Zähne in diese köstliche Speise und kauten im Akkord, dabei machten sie: Crik, crik, crik, wie alle Mäuse, wenn sie kauen. Aber die Zeitungsmaus brachte nur Laute wie: „Crek, srek, scherek“ hervor.

„Lern wenigstens endlich mal fressen wie anständige Leute“, schimpfte sie der Seefahrermäuserich. „Wenn du auf einem Schiff wärest, hätte man dich schon längst über Bord geworfen! Ist es dir klar oder nicht, daß du ein abscheuliches Geräusch beim Kauen machst?“

„Creng?“ stotterte die kleine Maus und machte sich beschämt daran, wieder in ihren Mehlsack hineinzukriechen.

Der Seefahrermäuserich bedeutete nun den anderen durch ein Zeichen, sich lautlos aus dem Staube zu machen und den Fremdling seinem Schicksal zu überlassen. Er war überzeugt, daß dieser nie den Weg nach Hause wiederfinden würde.

Das kleine Mäuschen schmauste noch eine Weile behaglich weiter, als es endlich entdeckte, daß man es allein zurückgelassen hatte, war es schon viel zu dunkel, um den Heimweg zu suchen. So beschloß es, die Nacht in der Mühle zu verbringen. Doch gerade als es friedlich einschlafen wollte, sah es plötzlich zwei gelbe Lichter im Dunkel auftauchen, die waren groß wie Verkehrsampeln. Ach, und da war auch das unheilvolle Geräusch von den vier Pfoten des Jägers. Eine Katze!

„Squash!" sagte das Mäuschen, und ein eiskalter Angstschauer lief ihm über den Rücken.

„Gragurapan!" antwortete die Katze. Himmel, es war eine Katze aus einer Bildgeschichtenzeitung!

Der Stamm der Katzen aus Fleisch und Blut hatte sie verjagt und ausgesetzt, weil sie nicht richtig „Miau" machen konnte. – Die beiden Verstoßenen sanken sich in die Arme, schworen sich ewige Freundschaft und verbrachten die ganze Nacht damit, in der sonderbaren Sprache der Bildgeschichten miteinander zu sprechen. – Sie verstanden sich großartig.

Neues vom Mond und Sonstiges von übermorgen
- oder - Auf in den Weltraum

Unterricht auf dem Planeten Bin

Auf dem Planeten Bin gibt es keine Bücher. Die Wissenschaft verkauft man dort in Flaschen, die trinkt man aus – und weiß alles.

Geschichte ist eine rote Flüssigkeit,
rot wie Himbeerlimonade,
Heimatkunde eine pfefferminzgrüne,
Sprachlehre ist farblos und schmeckt
wie Mineralwasser.

Schulen gibt es auch keine, man lernt zu Hause. Jeden Morgen müssen die Kinder, ihrem Alter entsprechend, ein Glas Geschichte hinunterschlucken, ein paar Löffel Rechnen und so weiter.

Doch werdet ihr das glauben? Selbst dabei sind die Kinder des Planeten Bin noch manchmal bockig.

„Komm, sei schön brav", sagt die Mama. „Du weißt gar nicht, wie gut Naturkunde schmeckt. Süß, zuckersüß! Frag' nur die Carolina." (Die ‚Carolina' ist der Roboter, der die Hausarbeiten verrichtet.)

Carolina bietet sich großzügig an, den Inhalt der Naturkundeflasche zuerst zu versuchen, gießt sich einen Löffel voll in ein Glas, trinkt und schnalzt mit der Zunge:

„Uh, und ob das gut ist", ruft sie und beginnt sofort herunter-
zuleiern: „Die Kuh ist ein vierbeiniger Wiederkäuer, der sich von
Gras ernährt. Sie gibt uns Milch mit Schokolade."

„Hast du gesehen?" fragt die Mama triumphierend. Der kleine
Schüler nickt. Zwar hat er immer noch den Verdacht, daß es sich

nicht um Naturkunde, sondern um Lebertran handle, aber dann gibt er's auf, macht die Augen zu und schluckt die ganze Aufgabe mit einemmal hinunter. Bravo!

Es gibt natürlich auch fleißige, ja, lernwütige Schüler, selbstverständlich, sogar ganz vernaschte. Die stehen nachts auf, um die Geschichtslimonade auszutrinken, und lecken sogar noch das Glas bis zum letzten Tropfen aus. Die werden natürlich über alle Maßen gelehrt.

Für die Kinder, die erst in den Kindergarten gehen, gibt es die Lehrbonbons. Sie schmecken nach Erdbeeren, Ananas, Zitronen und enthalten ein paar leichte Gedichtchen, die Namen der Wochentage und die Zahlen bis zehn. –

Einer meiner Freunde, ein Weltraumschiffpilot, hat mir so ein Bonbon zum Andenken mitgebracht. das habe ich meiner kleinen Tochter gegeben, und sie hat sofort angefangen, einen ganz komischen Unsinn herzusagen in der Sprache des Planeten Bin, das ging ungefähr so:

> Anta, anta, pero, pero,
> penta, pinta, pero.

Und ich hab' überhaupt nichts davon verstanden.

Neues vom Mond

Bei Mondumkreisungen kam es heraus:
Der Mond ist ein Kürbis – und nur eine Maus,
die Mondmaus, bewohnt
den uralten Mond.
Die eine Mondmaus, das steht nun fest,
nagt dreizehn Nächte am Mond; den Rest
frißt sie am folgenden Tage dann auf,
worauf
sie volle zwei Wochen pflegt der Ruh,
was auffallend stimmt: Der Mond nimmt dann zu.
Soweit ist alles sonnenklar:
Der Mond, der gute Mond, er war
von je ein Kürbis. Was aber bewohnt
die Mondmaus, wenn sie gefressen den Mond?
Wo bleibt sie in der vierzehnten Nacht?
Man hat es noch nicht herausgebracht.
Doch baut man eben, um endlich alle
Fragen zu lösen, die Mondmausefalle.

Raummahlzeit

Auf was muß man aber achten, wenn man im Weltraum essen will? Genauso wie wir selber schwerelos sind, also nichts wiegen, wiegt auch das Essen nichts. Es wird frei in der Luft schweben, wenn man es nicht festhält, genauso wie wir selber schweben würden, wenn wir nicht im Sitz angeschnallt wären.

Unsere Raummahlzeit besteht aus mundgerechten Happen und aus Würfeln von gepreßten Lebensmitteln, aus denen das Wasser entfernt wurde. Schon die ersten Astronauten haben solche Würfel, die fest in Plastiktaschen verpackt sind, gegessen. Sie setzten der Nahrung wieder Wasser aus einem kleinen Wasserbehälter zu, der an der Verpackung befestigt war. Dann kneteten sie die Mischung und drückten die Masse aus einer Tube direkt in ihren Mund. Man ißt also statt von einem Teller aus der Verpackung, ja manchmal kann man sogar die Verpackung mitessen, weil sie aus eßbarem Material hergestellt ist. Einige dieser merkwürdigen Verpackungsmaterialien enthalten sogar Vitamine. Die Raumfahrer haben es also gut: sie brauchen keine Vitaminpillen zu schlucken und kein Geschirr zu spülen!

Was aber geschieht, wenn man im Weltraum wie auf der Erde aus Gläsern und Tassen trinkt und von Tellern ißt? Will man Milch in ein Glas schütten, so geschieht nichts! Keine Schwerkraft zieht die Milch nach unten wie auf der Erde! Versucht man, aus dem Milchkrug zu trinken, so wird ein Teil der Milch verschüttet und fliegt in kleinen Tröpfchen durch die Kabine! Versucht man ein Stück Fleisch auf einem Teller zu schneiden, so bewirkt der Druck, den man durch das Messer auf das Fleisch ausübt, daß man selber aus seinem Sitz hochgedrückt wird, weil man ja selbst schwerelos ist!

Jetzt wollen wir versuchen, einige Erbsen von einem Löffel zu essen. Wenn der Löffel vom Teller hochgeführt wird und vor dem Mund hält, steigen die Erbsen, wie von Zauberhand bewegt, weiter höher! Zangen wären sicher besser als Löffel für die Weltraummahlzeiten!

Diese ganze Esserei scheint ein Riesenspaß zu sein; aber wenn man hungrig ist, ist eine Spezial-Weltraumnahrung sehr viel geeigneter, den Hunger zu stillen. Sicher möchten einige von euch wissen, wie eine Mahlzeit „nach unten" in den Magen gelangen kann. Wenn man Kopfstand macht, kann man das in einem Experiment zeigen. Ein Helfer stellt uns ein Glas Milch und etwas Gebäck neben den Mund, während wir im Kopfstand stehen. Dann trinken wir die Milch mit einem Strohhalm und beißen ein Stück von dem Gebäck ab. Die Schwerkraft möchte zwar die Nahrung nicht in den Magen lassen, aber wir können es schaffen, daß doch alles in den Magen kommt. Wir können nämlich ohne die Hilfe der Schwerkraft essen, weil die Muskeln der Speiseröhre, durch die die Nahrung geht, die Speisen durch regelmäßige Bewegungen weiterbefördern. Wenn wir aber gegen die Schwerkraft essen können, können wir auch im Weltraum essen, wo keine Schwerkraft wirkt.

Auch die vollkommen flüssige Form der Weltraummahlzeit ist möglich. In Versuchen haben Menschen sich schon drei Monate so ernährt, und es traten keinerlei Beschwerden auf. Vielleicht ist dies die Form der Mahlzeit, die einmal in einem Raumschiff allgemein üblich sein wird. Aber sicher ist, daß man sie nicht aus einer

Tasse oder einem Glas trinken wird, sondern man wird sie aus einer Tube in den Mund drücken. Doch auf der Fahrt zur Raumstation werden wir nicht viel Zeit zum Essen haben; denn nun steht ein neues Abenteuer bevor.

Zukunftsmusik

Im Jahre zweitausendundachtzig
sagt dir der Hauscomputer „Guten Morgen".
Dann geht ein Roboter für dich
die Einkäufe besorgen:
Die Frühstückssäfte, die Mittagsessenz,
den Anzug aus Plastik und Glas,
die Abendbrotstropfen, die schmecken recht gut,
die Lernpille und sonst noch was.
Du steigst in dein eigenes Luftauto ein
und fliegst ohne Fallschirm fort;
und saust du dann schnell über unsere Stadt,
du erkennst nicht den alten Ort.
Im Jahre zweitausendundachtzig
wird das Leben ganz anders sein.
Doch wenn noch die Menschen die alten sind,
werden sie glücklich sein.

In die Schule geh' ich gern, schulfrei hab' ich lieber

Moni auf dem Schulweg

Die Moni macht ihren Schulweg allein;
sie ist ja schon groß und längst nicht mehr klein.

Heute verläßt sie die Wohnung im Lauf.
Herr Tröpfle schließt seinen Laden auf,
der Briefträger steigt aus der Straßenbahn,
und auf dem Zirkusplatz baggert ein Kran.

Die Moni hüpft eine Treppe hinab,
sie zählt die Stufen gewissenhaft ab,
und ist die Summe am Ende nicht grad,
dann gibt es heute bestimmt ein Diktat.

Am Bordstein entziffert sie Kläuschens Schrift,
– der hat nichts zu lachen, wenn sie ihn trifft –
„die Moni ist doof" – nein, doof ist der Klaus,
– und Moni tauscht einfach die Namen aus.

Da hört sie deutlich im Straßenverkehr
eine Stimme rufen vom Gehsteig her.
Das ist Gabriele. Was will sie nur?
Die Schulfreundin zeigt auf die Rathausuhr.

Moni erschrickt, weil sie plötzlich versteht.
Sie muß sich eilen, sonst kommt sie zu spät!
Nun aber nichts wie hinübergewetzt!
– so denkt sie, besinnt sich und wartet jetzt.

Einige Fahrzeuge flitzen vorbei,
doch eh sie gedacht, wird die Straße frei,
und eh sie gedacht, ist das Schultor nah.
Die Lotsen winken, und Moni ist da.

Pechfrieder

Seit ein paar Jahren besitzen wir einen Schulraben, der an jedem Schultag nach der großen Vesperpause aufrecht und stolz
über den Schulhof schreitet und nach den Brot- und Wurstresten
der Kinder Ausschau hält. Wie ein König geht er über den großen
Platz, daß die Kinder, die ihn von ihrem Schulzimmer aus beobachten können, sagen: „Seht, jetzt kommt der Herr Rabenkönig
wieder! Wie er stolziert und so tut, als sei er der Herr der Welt!"
Mal dorthin, mal dahin greift sein spitzer Schnabel und sam-
melt die Krümchen und Brocken, die die Kinder beim Vespern

und Herumtollen verstreut haben. Der schwarze Kerl braucht eine gute Weile, bis er den weiten Platz abgesucht hat.

Neulich beobachtete ich ihn eine halbe Stunde lang, als er sich wieder auf dem Schulhof eingefunden hatte. Fünfundvierzigmal schnappte er an diesem Tag nach Überbleibseln. Verschiedene Male mußte er die gefundenen Happen zuerst mit dem Schnabel zerhacken, ehe er sie vertilgen konnte. Kein Plätzchen des großen Hofes entging seiner Aufmerksamkeit.

Sonntags taucht der schwarze Kerl nie auf dem Schulhof auf; auch in den Schulferien läßt er sich nicht sehen. Das hat unser Hausmeister beobachtet. Meine Schulkinder sagen, der Rabe habe in seinem Nest einen Stundenplan aufgehängt. Bestimmt ist dort für die Zeit von zehn bis elf eingetragen: Wurst- und Brotschnappen auf dem Loßburger Schulhof.

Fritzle, unser Neunmalgescheiter, hat dem alten, pechschwarzen Vogel schon verschiedene Namen gegeben. Er nennt ihn Pechfrieder, Wurstschnapper, Schnapphannes, Brosamenvetter, Stolzaffe, Frechdachs und Kohlenklau.

Wenn die Kinder sich nach der Pause wieder klassenweise aufstellen, lauert er bereits auf einem nahestehenden Baum auf sein Frühstück. Noch nie hat er Bekannte oder Verwandte aus seiner Rabenkolonie vom Wilkenbrand mitgebracht. Vielleicht stiehlt er sich heimlich von ihnen weg, damit sie nichts von seiner fetten Beute erfahren?

Im Vorjahr hat der Pechfrieder vier oder fünf Wochen lang gefehlt. Wir glaubten schon, er sei vielleicht gestorben, verunglückt oder abgeschossen worden. Wir trauerten sehr um ihn.

Da kam er eines Tages wieder angeflogen und tat, als sei er niemals fortgewesen. Albrecht, unser Spaßmacher, rief sogleich: „Da kommt der Schulschwänzer! Mal sehen, ob er eine Entschuldigung dabei hat!"

Die grüne Pudelmütze

Lotte saß am Fenster und frühstückte. Draußen auf der Straße gab es immer etwas zu sehen. Eine Schule war drüben, und eben gingen viele Schüler durch das Tor. Bald würde Lotte auch ein Schulkind werden!

Na, was war denn das? Da hatte doch eben ein Bub seinen Ranzen abgenommen und schwenkte ihn am Riemen lustig rundherum. Guck, da fiel sein Frühstücksbrot heraus! Und – in großen Sätzen kam der Karo herangesprungen, schnupperte an dem Päckchen und wickelte es aus! Ja, so geschickt war der riesige Hund! Der Junge stand ganz verblüfft da und sah trübselig zu, wie der Hund die schönen Brote auffraß, erst das eine, nun auch noch das andere.

Zufrieden trottete er davon und sagte nicht einmal: „Wau, danke schön!" Der Junge hob das Papier auf, aber nicht ein Krümel schien mehr drin zu sein. Lotte sah ihm mitleidig nach, als er durch das Schultor lief. Der Zipfel seiner grünen Pudelmütze flog lustig hin und her. Doch sicher war dem Buben gar nicht froh zumute.

Lotte ging zu ihrer Mutter in die Küche. „Mutti", sagte sie, „bitte, mach' rasch zwei schöne Brote fertig, ja?" – „Na, Lotte, bist du heute ein Vielfraß?" – „Nein", antwortete Lotte ganz aufgeregt, „aber Karo hat einem Buben das Frühstücksbrot aufgefressen, und nun muß der in der Schule hungern!" – „Na, und?" fragte die Mutter. „Ich möchte ihm nun so gern das Brot hinbringen!" – „Du kennst doch den Jungen aber gar nicht", meinte die Mutter erstaunt. „Oh, ich werde ihn schon herausfinden", sagte die Kleine, „er hat eine grüne Pudelmütze auf mit einem Puschel daran!"

„Na", meinte die Mutter, „dann lauf!" Und so lief Lotte mit schön verpackten Frühstücksbroten hinüber in die Schule. Die hatte sie von innen noch nie gesehen. Oh, die vielen Türen!

Lotte hatte nun doch ein bißchen Angst. Aber tapfer klopfte sie an eine der ersten Türen. Ein alter Herr kam heraus und sah sie freundlich und verwundert an. Schrecklich viele große Buben guckten zu dem kleinen Mädchen an der Tür.

„Ich will dem Jungen Frühstück bringen. Der Karo hat ihm vorhin draußen das ganze Brot aufgefressen, und nun muß er hungern!" flüsterte Lotte ein wenig ängstlich.

„Das ist ja toll", sagte der alte Herr, „kennst du den Jungen?"

„Nein, aber er hatte eine grüne Pudelmütze auf." – „Wie groß war er denn?" fragte der Rektor, denn das war der alte Herr. Da zeigte Lotte mit ihrer Hand von der Diele an ein ganz kleines Wesen.

„Das war wohl ein Zwerg?" rief ein Junge lachend. Doch Lotte sagte ernsthaft: „Nein, ein Zwerg war das nicht; die tragen doch rote Zipfelmützen! Diese war aber grün!"

„Na, komm mal mit", sagte der Rektor, „wir werden deinen hungernden Zipfelmützen-Jungen finden!" Er nahm Lotte bei der Hand, ging mit ihr den Flur entlang und klopfte an eine Tür.

Eine junge Lehrerin öffnete. „Fräulein Bergmann, sicher können Sie diesem kleinen Fräulein helfen!" Der Rektor sagte Lotte freundlich Lebewohl und ging zu seinen Schülern zurück.

Und wieder erzählte Lotte die Geschichte von dem geraubten Frühstücksbrot. „Na, welchem von euch hat denn der Hund das Brot gemaust?" fragte die Lehrerin. Niemand meldete sich.

Mit einem Mal rief Lotte: „Hier ist er! Dies ist die grüne Pudelmütze!" Und sie zeigte auf eine leuchtendgrüne Mütze, die an einem Haken hing.

„Nun, Karlchen Weiß, komm doch mal her", sagte Fräulein Bergmann, „wie war denn das mit dem Karo und dem Frühstücksbrot?"

Karl kam langsam aus der Bank heraus. Er schämte sich ein bißchen, daß er ruhig sich hatte das Brot wegfressen lassen. Aber der Hund war ja auch zu groß gewesen! Schließlich aber erzählte er sein Erlebnis, und die Klasse hörte eifrig zu.

Lotte nickte zustimmend mit dem Kopf zu allem, was Karlchen sagte.

„So, nun gib dem Karl das Brot. Das wird ihm in der Pause besonders gut schmecken!" sagte Fräulein Bergmann. Karlchen ergriff das Päckchen, bedankte sich und ging auf seinen Platz zurück.

„Nun wollen wir unserem Besuch noch etwas vorsingen!" rief die Lehrerin, und gleich standen alle Buben auf. Sie sangen so laut und schön sie nur konnten.

Dann sagte Lotte allen Lebewohl. Eilig lief sie zur Mutter und erzählte ihr freudig, was sie drüben in der Schule erlebt hatte.

Rätsel

Der ärmste Mensch hat es auf Erden,
doch fehlt es dem, der alles hat.
Es macht dem Muntersten Beschwerden
und es genügt dem Nimmersatt.

Der Dümmste weiß es aus dem Grunde,
der Geizhals gibt es gerne her,
als Arzenei braucht's der Gesunde –
doch wen es freut, dess' Herz bleibt leer.

Ein Herz aus Stein jedoch erweicht es,
Verrat zur edlen Tat es macht,
und wer es kann, ja, der erreicht es.
Der Blinde sieht's in finstrer Nacht.

Wer es erhofft, der mag verzweifeln!
Den Weisen bringt es aus der Ruh'.
Als sicher Lohn bleibt es den Teufeln,
denn wer es liebt, dem fällt es zu.

Von allen Rätseln scheint das größte
dies Wort, das mancher Narr verstand,
denn ob man – oder nicht – es löste,
das Gleiche ist es, was man fand.

Was man alles gewesen ist, wenn man die Schule verläßt

Erste Klasse: Tafelkratzer.
Zweite Klasse: Tintenpatzer.
Dritte Klasse: Alte Bären.
Vierte Klasse: Feine Herren.
Fünfte Klasse: Engel.
Sechste Klasse: Bengel.
Siebte Klasse: Luftballon.
Achte Klasse: Flieg davon.

Zehntausend große Pausen

Herr Lehrer und Frau Lehrerin,
auf Wiedersehn für Wochen!
Die allerschönste Zeit im Jahr
ist heute angebrochen.
Jetzt gibt es keine Algebra,
und vier mal vier ist dreizehn.
Der Nordpol liegt in Afrika.
Im Ozean wächst Weizen.

Der Himmel ist blau,
das Wetter ist schön,
wir bitten den Lehrer,
spazierenzugehn.
Wir wollen lieber im Freien schwitzen,
als auf den harten Schulbänken sitzen!

Er ist nicht groß,
doch mir vom Schulweg gut bekannt, mein Wassja.
Marschiert im Winter in die erste Klasse,
im Sommer drauf schon auf die zweite los.
Als vor der Tür der nächste Herbst dann steht,
postiert sich Wassja
stolz vor der zweiten Klasse.
Zwei Neue kommen: Weißt du, wo's zur ersten geht?
Wassja von oben: Das weiß ich nicht mehr –
die erste ist für mich schon zu lang her.

So leben Kinder in anderen Ländern

Schawane! — Sei gegrüßt!

Ein freundlicher Gruß ist immer etwas Schönes. Wir denken zwar oft gar nicht viel dabei, wenn wir höflich „Guten Tag" oder freundlich „Grüß Gott!" sagen. Aber wir wollen dem anderen durch unseren Gruß doch sagen: „Ich kenne dich" – „Ich freue mich, daß ich dir begegnen darf." Hie und da ist es uns aber vielleicht ganz ernst mit unserem Gruß. Wir sagen nicht nur „Guten Tag", sondern wir wünschen dem anderen mit unserem Gruß einen „guten Tag" oder eine wirklich „gute Nacht".

Auch in anderen Ländern grüßt man sich. Aber: andere Länder, andere Sitten. So grüßt man sich zum Beispiel in China am frühen Morgen mit den Worten: Ngi schid li zao ma? (Hast du gefrühstückt?) Die Antwort lautet je nachdem: Schid li (Habe gegessen) oder Mang zhen (Noch nicht). Im späteren Vormittag erkundigt man sich: Ngi schid li dschu ma? (Hast du zu Mittag gegessen?)

Geht es gegen Abend, so heißt der Gruß: Ngi schid li ja ma? (Hast du zu Nacht gegessen?) Der Gegengruß lautet immer: Schid li oder Mang zhen. Die chinesischen Christen jedoch – wie auch die Juden und Araber – grüßen sich mit dem schönen Wort: Friede! „Pin on" heißt es auf chinesisch, „Schalom" auf hebräisch.

Die Tsongaleute in Afrika machen es wieder ein wenig anders. Schawane (Sei gegrüßt) sagt man bei der Ankunft in einem Tsongadorf und erhält den gleichen Gruß zurück. Aber beim Weggehen heißt es: Alane (Bleibe), und als Antwort kommt: Fambane (Gehe) oder Fambane Kahle (Geh mit Freude). Manche Grüße gebraucht man nur zu gewissen Tageszeiten: Avuschene (Bei der Morgendämmerung). Beim Schlafengehen lautet der Gruß: Yetlelane (Schlafe) oder Simbamane (Lieg auf den Bauch) oder auch: Hi ta pfuschana (Wir werden uns morgen früh wieder Guten Tag sagen).

Machen wir noch rasch einen Sprung in den hohen Norden und grüßen die Eskimos in Eis und Schnee. Aksuna! rufen sie uns zu. Das heißt: Sei stark. Und dabei reiben sie die Nasen aneinander.

Bekommt ihr nicht Lust, diese netten Zungenbrecher-Grüße zu üben? Vielleicht trefft ihr einmal einen kleinen Chinesen!!

Juan und die Pfeifsprache

Es gibt eine Sprache, für die man keinen Dolmetscher findet: die Pfeifsprache! Wo und wie sie erfunden wurde, will ich nun erzählen.

Auf Teneriffa war es, der größten der Kanarischen Inseln. Dort saßen eines Tages im Schatten eines blendend weißen Hauses viele Männer und schwitzten. Es waren Miguel, der Bürgermeister des Dorfes Corunna, sein hagerer Amtsschreiber Alvarez und die übrigen männlichen Dorfbewohner. Genaugenommen, nur die aus der unteren Hälfte des Ortes, und das hatte seinen Grund. Ein paar Tage zuvor nämlich hatte die Erde gebebt und gezittert wie ein ausgedörrter Lehmklumpen, und unter Donnergetöse war das ganze Land zwischen dem Ober- und Unterdorf in die Tiefe gesunken, als säße es in einem riesigen Fahrstuhl. Glücklicherweise waren dort gerade nur ein paar Ziegen auf der Weide gewesen, doch das Unglück war auch so noch groß genug. Wollte man nun von einem Ortsteil in den anderen gelangen, blieb weiter nichts übrig, als durch die Schlucht zu klettern, die wie ein Graben der Hölle dazwischen gähnte. Wie sollte man das aber immer anstellen, woher die Zeit nehmen? Nicht einmal hinüberrufen konnte man, dazu war es zu weit! Da hockten nun die Männer, suchten einen Ausweg, fanden doch keinen und kratzten sich verlegen die Köpfe.

Nicht einmal Miguel, dem schlauen Bürgermeister, fiel etwas ein. Er brauste deshalb auch so auf, als ganz in seiner Nähe ein durchdringender Pfiff ertönte, der ihn in seinen Gedanken störte. „He, Alvarez!" schrie er wütend. „Bring mir auf der Stelle diesen verflixten Lümmel! Diesen Pfeifer! Uns zu ärgern!" Erbost schlug er sich auf seinen fetten Schenkel, daß es klatschte.

Alvarez, der Ratsschreiber, kehrte bald zurück und zerrte Juan am Ohr hinter sich her.

„Bist du dieser Lümmel, der uns immer die Ohren vollpfeift?" schnauzte ihn Miguel an. „Siehst du nicht, daß wir eine wichtige Sitzung haben? So eine blödsinnige Pfeiferei!" Damit verabreichte er Juan eine Ohrfeige. Der zuckte zusammen. „Aber ich habe doch nur meinem Freund im Oberdorf gepfiffen!" schrie er. „Ich wollte ja gar nicht stören! Ich wollte ihm nur etwas sagen!"

Da zeigte es sich, daß Miguel doch der richtige Bürgermeister für Corunna war. Als er das nämlich vernahm, zog er blitzschnell ein Geldstück aus der Tasche und hielt es dem Jungen hin.

„Juan", schmeichelte er wie eine Katze, die ein saftiges Stück Braten haben will, „das kriegst du, wenn du uns genau erzählst, wie du das mit dieser Unterhaltung machst!"

Juan blieb vor Staunen der Mund offenstehen, dann aber berichtete er eifrig, wie er auf den schlauen Gedanken gekommen war, sich mit seinem Freund aus dem anderen Ortsteil zu verständigen, ohne erst die tiefe Schlucht hinab- und dann mühselig wieder hinaufklettern zu müssen. Sie hatten einfach Pfeifsignale ausgemacht. Jedes einzelne Signal bedeutete etwas. Als er mit seinem Bericht fertig war, klatschte sich Miguel erneut auf die Schenkel, diesmal allerdings vor Freude und gleich auf alle beide.

„Du bist ein Teufelskerl!" lobte er Juan. „Auf der Stelle lehrst du uns das auch!"

So begannen die Männer im Unterdorf von Juan das Pfeifen zu lernen. Lange brauchten sie nicht dazu, denn als Jungen hatten sie es oft geübt. Danach mußten die Leute vom Oberdorf die gleiche Lektion lernen, und schließlich kamen auch die Frauen daran. Die Mühe machte sich aber bezahlt. Zu guter Letzt – so erzählt man – waren die Frauen diejenigen, die am meisten pfiffen. Sie hatten von da an nicht nur das letzte Wort, sondern auch den letzten Pfiff.

Juan aber und sein Freund hatten von diesem Tage an bei allen Leuten einen Stein im Brett und zehrten von diesem Ruhm bis ans Ende ihrer Tage.

Das kältere Eis

Manche Leute sind Narren. Hört diese Geschichte an, und dann urteilt selbst! Es war da einmal ein Neger in einer kleinen Stadt im amerikanischen Süden, der handelte mit Eis, und alle Leute im Ort, ob schwarz oder weiß, kauften bei ihm, denn er war freundlich und hatte gute Waren. Das sah ein weißer Mann, und er sagte sich: „Ich will auch ein Eisgeschäft aufmachen. Was dieser Neger kann, kann ich schon lange!"

Gesagt, getan. Der weiße Mann eröffnete ein Eisgeschäft. Er nahm höhere Preise, und seine Ware war nicht so gut wie die des schwarzen Eishändlers, aber trotzdem, von nun an kauften alle Weißen bei dem weißen Eishändler.

Einmal traf ein kleiner farbiger Junge einen kleinen weißen Jungen. Sie besaßen beide zehn Cent und wollten sich dafür Eis kaufen.

„Ich geh' zu dem schwarzen Eishändler, da bekomme ich für zehn Cent zwei Kugeln Eis. Bei dem weißen Eishändler gibt es nur eine Kugel", sagte der kleine farbige Junge.

„Schon möglich", meinte der kleine weiße Junge, „aber ich gehe trotzdem zu dem weißen Eishändler. Meine Mutter hat gesagt, sein Eis ist viel kälter als das des schwarzen Eisverkäufers!"

Inhalt und Rätsellösungen

244

Quellenverzeichnis

Wir danken folgenden Autoren und Verlagen für freundliche Abdrucksgenehmigung:

Arena Verlag, Würzburg: Für die Laternengarage – Knitterfeste Landkarten für den Auto-
fahrer – Ein Futterhäuschen – Die eigene Sonnenuhr zählt die heitern Stunden nur –
Heute weiß, morgen rot: Rosen ändern ihre Farbe, alle aus „Das fröhliche Bastelbuch".
Tapp, tapp – pff, pff!, aus Burger „Das Gespenstergespenst".

Baumann, Hans, Murnau: Marschak, „Der kleine Wassja" – Serailler, Wer kitzelt mich da?,
aus „The tale of the Monster Horse" – Tolstoi, „Der Kern".

Bertelsmann Jugendbuchverlag, Gütersloh: Das Oster-ABC – Der Vagabund Mack Natt –
Die knipsverrückte Dorothee, aus Krüß „Der wohltemperierte Leierkasten".

Bertelsmann Ratgeberverlag, Gütersloh: Serviettenringe – Kalender für die Küche – Streichholzschachteln, aus Brix „Fröhliches Basteln mit Kindern".

Bitter Verlag, Recklinghausen: Der Ochse auf dem Floß – Rette sich, wer kann! – Eine
Krähe weiß sich zu helfen – Einer dümmer als der andere, aus Baumann „Ein Fuchs fährt
nach Amerika". Das Rezept – So wird's gemacht, aus Guggenmos „Ein Elefant marschiert
durchs Land". Wer bekommt das Opossum? – Der kleine John Acht – Das kältere Eis,
aus Hetmann „Wer bekommt das Opossum?" – Guggenmos, Ungenügend – In Dalles –
Auf einem Markt in Bengalen – Janosch, Eins, zwei, drei, Herr Polizist – Lenzen,
Kleiner Zirkus – Sigel, Lügenlied – Wohlgemuth, Dieses Fußballspiel fällt aus – Baumann, Neues vom Mond, aus Gelberg „Die Stadt der Kinder". So geht es in Grönland –
Auf ein Osterei zu schreiben – Sieben kecke Schnirkelschnecken – Wenn ein Auto kommt,
aus Guggenmos „Was denkt die Maus am Donnerstag?"

Boje Verlag, Stuttgart: Die seltsame alte Dame, aus Süßmann „Steffis Garten".

Engelbert-Verlag, Balve: Das Spiegelbild, aus Andreas „Rotfuchs und Silberreh".

Evang. Missionsverlag GmbH, Stuttgart: Schawane! – Sei gegrüßt!, aus Kinderkalender
„Kinder aus aller Welt".

Friedrich Verlag, Velber: Handwerk raten – Ball durchs Loch – Ein Woll-Männchen, aus
„Spielen und Lernen".

Gayda Press, Günzburg: Hakansson, „Bimba will nicht in die Schule gehen" – Woldeck,
„Ein Bär wollte telefonieren".

Henssel Verlag, Berlin: Ringelnatz, „Die Ameisen".

Herder Verlag, Freiburg: Raummahlzeit, aus Hyde „Auf in den Weltraum".

Hoch-Verlag GmbH, Düsseldorf: Onkel Hubert und der Kickick, aus Süßmann „Wir Hoh-
bergkinder". Süßmann, Wenn es Mittag in Karlsruhe ist, aus „Auerbachs Kinderkalender".

Loewes Verlag, Bayreuth: Wethekam, Vom gähnenden kleinen Krokodil (Kroki-Häppchen
soll nicht gähnen), aus „Das ABC erzählt". Baumann, Ein runder Stein, der rollen wollte,
aus „Das nette Krokodil". Tolstoi, Das gute und das böse Tier, aus Fühmann „Das Tier-
schiff".

Otto Maier Verlag, Ravensburg: Zerschneiden eines Seils – Verhextes Papier, aus Michalski
„Zaubern ist ganz leicht". Alphabet – Detektivspiel, aus Glonegger „Spiel mit". Auto-
mobil – In Holland, aus Kiesgen „Was wollen wir machen". Stevenson, Ein schönes
Spiel, aus „Im Versgarten".

Pelikan-Verlag, Hannover: Wir schenken „neue" Blumenübertöpfe, aus Richey „Singen, Spielen,
Basteln".

Pressedienst Bull, München: Was kleine Kinder zum Geburtstag wünschen – Lohmeyer,
Zum Geburtstag eines Onkels – Zehntausend große Pausen – Was man alles gewesen ist,
aus „Glück und Segen". Pflüger, „Wegbleiben schrie Uli".

Gerhard Stalling AG Druck- u. Verlagshaus, Oldenburg: Morgenstern, Der Gaul, aus „Liebe Sonne, liebe Erde".

K. Thienemanns Verlag, Stuttgart: Das Küken vom Mars 8 – Die Haare des Riesen – Die kleine Maus aus den Bildgeschichten – Unterricht auf dem Planeten Bin, aus Rodari „Gutenachtgeschichten am Telefon". Wieviel Eier sind hier versteckt? aus Tümmel „Neue Rätselstiege". Ein Zauberspruch, um eine verlorene Sache wiederzufinden – Rätsel – Ein Schnurps droht einem andern Schnurps, aus Ende „Das Schnurpsenbuch".

Verlag Ullstein GmbH, Berlin: Eine unglaubliche Geschichte – Murks, das Schwein, aus Lepmann „Die Katze mit der Brille". Vom großen und vom kleinen Hasen – Der Fehlervogel, aus Lepmann „Die schönsten Gute-Nacht-Geschichten".

Zweig Verlag, Velber: „Überraschungs"-Eier, aus „Malen und Basteln zur Osterzeit".

Verzeichnis der Illustratoren